GRAMMAIRE

FRANÇAISE.

Tout contrefacteur sera poursuivi selon la rigueur des lois.

Vu les traités internationaux relatifs à la propriété littéraire,
on ne peut pas reproduire cet ouvrage à l'étranger sans l'auto-
risation de l'auteur ou de l'éditeur.

612.—Typ. GUIRAUDET, place de la Mairie, 2, à Neuilly.

GRAMMAIRE

FRANÇAISE

PAR N. GAVET

PROFESSEUR AU LYCÉE BONAPARTE

Ouvrage approuvé par la Commission officielle d'examen
des livres classiques.

Troisième édition.

PRIX : CARTONNÉ. . . . . . . 1 fr. 25 c.

PARIS

LIBRAIRIE DE PAUL DUPONT

45, RUE DE GRENELLE-SAINT-HONORÉ

1859

AVERTISSEMENT

« Nous avons de bonnes grammaires françaises, a dit Lhomond; « mais je doute qu'on puisse porter « un jugement aussi favorable des abrégés qui ont « été faits pour les commençants. Les premiers élé- « ments ne peuvent être trop simplifiés. »

Pour remédier aux inconvénients que l'expérience lui avait fait connaître, et pour être utile à cet âge qu'il connaissait si bien, Lhomond publia ses *Éléments de Grammaire française*. Ce livre, il ne le destinait qu'aux commençants. Aussi est-ce à peine s'il y a indiqué les premiers éléments et les principes de la syntaxe, dont le développement appartient à un enseignement plus élevé. Il laissait cette tâche à remplir à ses successeurs dans la science qu'il **a** créée.

Les successeurs n'ont pas manqué : mais, au lieu de continuer l'ouvrage du maître, on a voulu tout refaire, sous prétexte qu'il était incomplet. On est retombé dans les abstractions métaphysiques et dans les théories ingénieuses, et surtout on a ramené ces « termes barbares » qu'il proscrivait avec tant de raison.

On s'est aperçu aujourd'hui que ces livres, destinés à continuer l'enseignement commencé par Lhomond, avaient plus d'un défaut ; et le moindre n'était pas de substituer une méthode nouvelle à la première, de fatiguer la mémoire des enfants et de jeter de la confusion dans leurs idées.

L'arrêté ministériel du 8 août 1851, sur la proposition du Conseil supérieur, a prescrit dans nos écoles l'emploi exclusif des *Éléments de Lhomond,* et a fait ainsi justice des nouveaux abus.

Ce que tout le monde regrettait, c'est que Lhomond n'eût pas fait ce qui devait être le complément indispensable de son livre. Est-il possible de venir aujourd'hui suppléer à l'œuvre inachevée du maître ? Si cela est possible, à quelles conditions ?

Une expérience de vingt années passées dans l'enseignement des classes élémentaires et des classes de grammaire nous a donné quelques titres à entreprendre cette tâche difficile. C'est beaucoup d'avoir étudié le mal, pour se préparer à y remédier.

Le livre de Lhomond, pour suffire aux progrès de l'enseignement secondaire, n'a besoin que d'être complété. Il fallait donc le conserver tout entier : c'est ce que nous avons fait. Les enfants retrouveront ici ce qu'ils ont appris déjà ; ce qu'ils savent sera le point de départ de leurs nouvelles études.

Mais nous n'avons pas voulu ajouter seulement au texte primitif des notes ou des commentaires, qui s'y rattachent toujours mal, de quelque façon qu'on s'y prenne. Il nous fallait fondre en quelque sorte dans le moule de Lhomond tout ce qui était notre œuvre personnelle ; pour cela, et c'était notre tâche la plus difficile, nous nous sommes attaché à la simplicité, à la netteté et à la clarté, qui sont les qualités les plus indispensables d'un pareil livre. On a trop souvent oublié qu'une grammaire est destinée non à ceux qui savent, mais à ceux qui ne savent pas.

Nous avons écarté tout ce qui nous a paru trop subtil ou trop élevé, ce qui appartient plutôt aux livres de rhétorique et de philosophie, et quelquefois même au dictionnaire.

Le livre que nous publions devrait porter le nom de Lhomond plutôt que le nôtre : mais c'est un patronage dont on a bien souvent abusé. Le nom de Lhomond est sur plus d'un titre, tandis que la méthode a disparu presque entièrement. Nous aurons atteint notre but, si nous ne méritons pas le même reproche.

GAVET.

Juin 1853.

ERRATA.

Page 5, ligne 14 et ligne 17, au lieu de : *c'est-à-dire?* lisez: *c'est-à-dire,*

Page 55, ligne 18, au lieu de : *je surseois*, lisez : *je sursois.*

Page 103, ligne 25, au lieu de : *Corneille a formé*, lisez..... *a réformé.*

Page 139, ligne 34, au lieu de : **puissiez**, lisez : **pussiez**.

GRAMMAIRE FRANÇAISE.

PREMIÈRE PARTIE.

INTRODUCTION.

1. La *Grammaire* est l'art de parler et d'écrire cor-
ectement.

Parler et *écrire,* c'est exprimer sa pensée par des
nots.

2. Les mots *prononcés* sont formés de *sons.*

Les mots *écrits* sont formés de *lettres* destinées à re-
résenter les sons.

3. L'*Orthographe* est l'art d'écrire correctement les
nots, c'est-à-dire, de représenter, selon l'usage établi,
es *sons* par des *lettres.*

4. Il y a deux sortes de lettres, les *voyelles* et les
onsonnes.

5. Les voyelles sont *a, e, i, o, u* et *y.* On les appelle
oyelles, parce qu'elles représentent une *voix* ou **son,**
ans qu'elles aient besoin d'être jointes à une autre
ettre.

Aux voyelles *simples, a, e, i, o, u, y,* il faut ajouter
es deux voyelles *composées* **eu, ou,** qui sont formées
le deux lettres, mais ne représentent qu'un son.

6 Il y a trois sortes d'*e* : *e* muet, *e* fermé, *e* ouvert :

1° L'*e' muet,* comme à la fin de ces mots : *Homme, monde, il prie.* On l'appelle *muet,* parce que le son en est peu sensible et quelquefois nul : *Une personne aimée.*

2° L'*e fermé,* comme à la fin de ces mots : *Bonté, aimé.* On l'appelle *fermé,* parce qu'il se prononce la bouche presque fermée.

3° L'*e ouvert,* comme à la fin de ces mots : *Procès, accès, succès.* On l'appelle *ouvert,* parce que, pour le bien prononcer, il faut appuyer dessus et desserrer les dents.

7. L'*y* s'emploie pour deux *i* quand il est placé après une voyelle dans le corps des mots, comme dans *pays, moyen, joyeux.* Il s'emploie pour un *i* simple au commencement et à la fin des mots : **Yeux, dey,** et dans le corps des mots après une consonne : *Martyr, mystère.*

8. Les voyelles sont *longues* ou *brèves.*

Les voyelles *longues* sont celles sur lesquelles on appuie plus longtemps que sur les autres en les prononçant.

Les voyelles *brèves* sont celles sur lesquelles on appuie moins longtemps.

> *A* est long dans *pâte,* et bref dans *patte.*
> *E* est long dans *tête,* et bref dans *trompette.*
> *I* est long dans *gîte,* et bref dans *petite.*
> *O* est long dans *apôtre,* et bref dans *dévote.*
> *U* est long dans *flûte,* et bref dans *butte.*
> *Eu* est long dans *jeûne,* et bref dans *jeune.*
> *Ou* est long dans *croûte,* et bref dans *toute.*

9. Les consonnes sont *b, c, d, e, f, g, h, j, k, l, m, n, p, q, r, s, t, v, x, z.* On les appelle *consonnes,* parce que, pour représenter un son, elles ont besoin d'être

jointes à des voyelles, comme *ba, be, bi, bo, bu; da, de, di, do, du;* etc.

10. On dit qu'une consonne est *muette,* quand elle ne se fait pas sentir dans la prononciation d'un mot, comme *p* dans *dompter, c* dans *acquérir.*

11. La lettre *h* est *muette* ou *aspirée.*

Elle est *muette,* quand elle ne se fait pas sentir dans la prononciation, comme dans *l'honneur, les hommes, chrétien,* que l'on prononce comme s'il y avait *l'onneur, les ommes, crétien.*

Elle est *aspirée,* quand elle fait prononcer du gosier la voyelle qui la suit, c'est-à-dire, en la détachant de la lettre qui précède, comme dans *la haine, les héros,* que l'on écrit et que l'on prononce séparément.

12. Une ou plusieurs lettres qui se prononcent par une seule émission de voix s'appellent *syllabe.*

Les mots sont d'une ou de plusieurs syllabes : *eau, loi,* n'ont qu'une syllabe; *ami* en a deux, et *vérité,* trois.

13. La syllabe qu'on prononce en faisant entendre, d'une seule émission de voix, le son de deux voyelles, s'appelle *diphthongue,* comme *ie, ui, oui,* dans *ciel, nuit, fouine.*

14. Pour marquer les différentes sortes d'*e* et la plupart des voyelles longues, on emploie trois petits signes que l'on appelle *accents :*

1° L'accent *aigu* (′) se met sur les *e* fermés (*é*) qui terminent la syllabe : *Bonté, vérité;*

2° L'accent *grave* (`) se met sur les *e* ouverts (*è*) qui terminent la syllabe : *Père, discrète;*

3° L'accent *circonflexe* (^) se met sur certains *e* ouverts et sur la plupart des voyelles longues. Il indique la suppression d'une lettre, comme dans *âge, tête, con-*

naître, qu'il aimât, que l'on écrivait autrefois *aage, teste, connaistre, qu'il aimast.*

15. OBSERVATION. L'*e* fermé ne prend l'accent aigu, et l'*e* ouvert l'accent grave, que quand ils terminent la syllabe. Mais ils ne prennent pas l'accent, quand ils se joignent à une consonne suivante. Ainsi dans *pied, rocher, nez,* l'*e* est fermé et ne prend pas l'accent ; et dans *perte, il appelle, il jette,* le premier *e* est ouvert et ne prend pas non plus l'accent.

EXCEPTION UNIQUE. Dans les mots terminés en *ès,* comme *accès, succès, exprès,* l'*e* prend l'accent grave, quoiqu'il ne termine pas la syllabe.

16. Un mot ne peut être terminé par deux syllabes muettes de suite ; c'est une règle qui ne souffre aucune exception. Quand la dernière syllabe est muette, l'*e* qui entre dans l'avant-dernière est toujours ouvert : *Père, discrète, sujette, il appelle.*

L'*e* qu'on doit prononcer ouvert est marqué d'un accent grave (è) : *Père, discrète,* et quelquefois d'un accent circonflexe (ê) : *Tête, extrême ;* ou bien il se joint à une consonne suivante : *Il appelle, sujette.*

REMARQUE. Dans les mots en *ége,* l'*e* de l'avant-dernière syllabe, sans perdre le son ouvert, prend l'accent aigu : *Piége, manége, il assiége.*

17. L'*apostrophe* (') est un signe dont on se sert pour indiquer le retranchement d'une des voyelles *a, e, i ;* ce qui a lieu à la fin de certains mots, quand le mot suivant commence par une voyelle ou une *h* muette : *L'honneur, l'amitié, s'il vient,* pour *le honneur, la amitié, si il vient.*

18. La *cédille* (ꞔ) est un signe que l'on met sous la lettre *c* devant *a, o, u,* et qui lui donne le son d'une ou

de deux *s*, lorsque l'on conserve le *c* dans le mot dérivé, tout en lui laissant la prononciation qu'il a dans le mot primitif. Ainsi, de *glace* on écrit *glaçon ;* de *France, Français ;* de *recevoir, il reçut.*

19. Le *tréma* (¨) se met sur une voyelle pour la faire prononcer séparément de celle qui précède : *Poëte, aiguë, naïf.*

20. Il y a en français dix sortes de mots que l'on appelle les *parties du discours*, savoir : le *Nom*, l'*Article*, l'*Adjectif*, le *Pronom*, le *Verbe*, le *Participe*, la *Préposition*, l'*Adverbe*, la *Conjonction* et l'*Interjection.*

21. Ces dix sortes de mots se divisent en mots *variables* et mots *invariables.*

Les mots *variables*, c'est-à-dire? ceux dont la terminaison change, sont le *nom*, l'*article*, l'*adjectif*, le *pronom*, le *verbe* et le *participe.*

Les mots *invariables*, c'est-à-dire? ceux dont la terminaison ne change point, sont la *préposition*, l'*adverbe*, la *conjonction* et l'*interjection.*

CHAPITRE PREMIER.

LE NOM ou SUBSTANTIF.

22. Le *Nom* ou *Substantif* est un mot qui sert à désigner, à nommer une personne ou une chose, comme *César, soldat, cheval, maison.*

23. Il y a deux sortes de noms, le nom *commun* et le nom *propre.*

Le nom *commun* est celui qui peut s'appliquer à toutes les personnes ou à toutes les choses de la même espèce : ainsi, *soldat, maison,* sont des noms communs, parce qu'ils peuvent s'appliquer à tous les soldats, à toutes les maisons.

Le nom *propre* est celui qui ne peut s'appliquer qu'à une seule personne ou à une seule chose, et qui la distingue de toutes les personnes, de toutes les choses de la même espèce : *Emile, Buffon, Paris, la Seine.*

24. Dans les noms il faut considérer le *genre* et le *nombre.*

DU GENRE.

25. Il y a en français deux genres : le genre *masculin* et le genre *féminin.*

Les noms d'hommes ou de mâles sont du genre masculin : *Un père, un lion.*

Les noms de femmes ou de femelles sont du genre féminin : *Une mère, une lionne.*

On a aussi donné par imitation le genre masculin ou le genre féminin à des choses qui ne sont ni mâles ni femelles, comme *un livre, une table, le soleil, la lune.*

26. On reconnaît qu'un nom est du genre masculin, quand on peut mettre *le* ou *un* devant ce nom : **Le** *soleil,* **un** *livre;* on reconnaît qu'il est du genre féminin, quand on peut mettre *la* ou *une :* **La** *table,* **une** *porte.*

REMARQUES.

27. I. Il y a certains noms d'hommes ou d'animaux qui ont un féminin. Ce féminin se forme ordinairement du masculin en y ajoutant un *e* muet : *Cousin, cousine;* *président, présidente ; sultan, sultane ;* etc.

Paysan fait *paysanne.*

OBSERVATION. Les noms en *er,* comme *berger, écolier,*

prennent au féminin un accent grave sur l'avant-dernier *e* : *Bergère, écolière* (§ 16).

II. Un grand nombre de noms qui sont terminés au masculin par un *e* muet ont le féminin en *esse* : *Ane,* **ânesse**; *comte,* **comtesse**; *hôte, hôtesse*; *maître, maîtresse*; etc.

III. Les noms terminés en *en, on,* doublent la consonne avant l'*e* muet : **Chien, chienne**; **lion, lionne.**

IV. Les noms en *eur,* dérivés d'un participe présent, ont le féminin en *euse* : *Connaiss***eur**, *connaiss***euse**; *danseur, danseuse*; *joueur, joueuse.*

EXCEPTIONS :

1° *Bailleur* (de fonds),   *Bailleresse.*
Demandeur }en justice,   *Demanderesse.*
Défendeur }   *Défenderesse.*
Enchanteur,   *Enchanteresse.*
Pécheur,   *Pécheresse.*
Vengeur,   *Vengeresse.*

2° *Chanteur* fait *chanteuse,* et, s'il s'agit d'une personne d'un talent supérieur, *cantatrice.*

3° *Chasseur,* en prose, *chasseuse,* et en poésie, *chasseresse.*

4° *Vendeur,* dans le langage ordinaire, *vendeuse*; en justice, *venderesse.*

5° Les noms en *teur,* qui ne sont pas dérivés d'un participe présent, ont le féminin en *trice* : *Acteur, actrice; conducteur, conductrice;* etc.

6° Il faut y joindre *exécuteur, inventeur, persécuteur,* qui, bien que dérivés d'un participe présent, font au féminin *exécutrice, inventrice, persécutrice.*

V. Un certain nombre ne suivent aucune règle : *Abbé, abbesse; gouverneur, gouvernante; héros, héroïne;* etc.

VI. Les noms qui expriment des professions, des penchants qui appartiennent ordinairement aux hommes, ne changent pas au féminin, tels sont : *Auteur, graveur, poète, philosophe*, etc.

DU NOMBRE.

28. Le *nombre* sert à faire connaître si l'on parle d'une ou de plusieurs personnes, d'une ou de plusieurs choses.

Il y a par conséquent deux nombres : le *singulier*, quand on parle d'une seule personne ou d'une seule chose, comme *un homme, un livre;* et le *pluriel*, quand on parle de plusieurs personnes ou de plusieurs choses, comme *les hommes, les livres.*

29. Quelques noms ne s'emploient qu'au singulier, comme *la faim, la foi;* d'autres ne sont usités qu'au pluriel, comme *mœurs, funérailles.*

30. Il y a des noms qui, bien qu'au singulier, désignent plusieurs personnes ou plusieurs choses formant une réunion ou *collection.* Pour cette raison on les appelle *collectifs;* tels sont : *Troupe, foule, quantité.*

Les noms collectifs sont *généraux* ou *partitifs.*

1° Ils sont *généraux*, lorsqu'ils expriment la totalité des objets dont on parle, ou bien un nombre déterminé de ces objets; alors ils sont toujours précédés d'un des mots *le, la, ce, cet, mon, ton, son, notre, votre, leur :* **Le** *nombre de navires;* **la** *moitié des arbres.*

2° Ils sont *partitifs,* quand ils expriment une partie ou quantité vague et indéterminée des objets dont on parle; alors ils sont ordinairement précédés de *un, une :* **Un** *grand nombre de navires;* **une** *moitié des arbres.*

FORMATION DU PLURIEL

DANS LES NOMS.

31. Pour former le pluriel, on ajoute *s* à la fin du nom : *Le frère, les frères ; la sœur, les sœurs ; l'enfant, les enfants ; la table, les tables.*

EXCEPTIONS :

I. Les noms terminés au singulier par *s, x, z,* ne changent pas au pluriel : *Le fils, les fils ; la voix, les voix ; le nez, les nez.*

II. Les noms terminés au singulier par *au, eu,* prennent *x* au pluriel : *Le bateau, les bateaux ; le feu, les feux.*

III. Sept noms terminés par *ou* prennent *x* au lieu de *s ;* ce sont :

Bijou,		*Bijoux.*
Caillou,		*Cailloux.*
Chou,		*Choux.*
Genou,	qui font au pluriel	*Genoux.*
Hibou,		*Hiboux.*
Joujou,		*Joujoux.*
Pou,		*Poux.*

Les autres noms en *ou* prennent *s,* suivant la règle générale : *Le clou, les clous ; le sou, les sous.*

IV. La plupart des noms terminés par *al* forment leur pluriel en *aux : Le mal, les maux ; le cheval, les chevaux.*

Cependant *aval, bal, cal, carnaval, chacal, narval, nopal, orignal, pal, régal, serval,* suivent la règle générale et prennent *s : Des avals, des bals, des carnavals,* etc.

V. Les noms en *ail* forment le pluriel en prenant *s,*

1.

d'après la règle générale : *Un portail, des portails* ; *un éventail, des éventails.*

Sont exceptés les six noms suivants : *Bail, corail, émail, soupirail, travail, vantail,* qui font au pluriel *baux, coraux, émaux, soupiraux, travaux* (1), *vantaux.*

VI. *Ail* fait *ails* ou *aulx ;* mais le pluriel est peu usité.

VII. *Aïeul* fait au pluriel *aïeux,* dans le sens d'ancêtres : *Ce droit lui vient de ses aïeux.* Quand il désigne le grand-père paternel et le grand-père maternel, il fait *aïeuls* : *Ses deux aïeuls ont rempli les premières charges.*

VIII. *Ciel* fait *cieux ;* mais on dit au figuré : *Des ciels de lit, de carrière, de tableau.*

IX. *OEil* fait *yeux* : *Les* **yeux** *bleus, les* **yeux** *du pain, du fromage, du bouillon ; tailler la vigne à deux* **yeux.** Au figuré il fait *œils,* pour éviter l'équivoque : *Des* **œils** *de bœuf* (lucarne), *des* **œils** *de perdrix* (terme de broderie ; durillon) ; etc.

X. *Gent* est le seul nom qui perde au pluriel la finale *t : Le droit des* **gens.**

CHAPITRE II.

L'ARTICLE.

32. L'*Article* est un petit mot qui se met ordinai-

---

(1) *Travail* fait au pluriel *travails* dans deux cas peu usités : 1° quand il signifie *machine à ferrer les chevaux vicieux ;* 2° quand il signifie *rapport d'un chef d'administration à ses supérieurs.*

rement devant les noms communs. Il en prend le genre et le nombre, et annonce qu'ils sont employés dans un sens déterminé.

REMARQUE. On dit qu'un nom est pris dans un sens déterminé, quand il a une signification précise, fixée, qui empêche de confondre l'objet qu'il représente avec tout autre objet de la même espèce : *Ce livre, mon livre, le livre de Pierre, le livre que vous avez acheté.*

Au contraire un nom est pris dans un sens indéterminé, quand il a une signification vague, incertaine, non fixée, et qui ne fait pas distinguer l'objet qu'il représente des autres objets de la même espèce : *Achetez un livre, je n'ai aucun livre, j'ai perdu plusieurs livres.*

33. Il n'y a qu'un article en français : *le* pour le masculin singulier, **le** *père;* *la* pour le féminin singulier, **la** *mère;* *les* pour le pluriel des deux genres, **les** *pères,* **les** *mères.*

REMARQUES. I. On retranche *e* dans *le,* on retranche *a* dans *la,* et on les remplace par une apostrophe, quand le mot suivant commence par une voyelle ou une *h* muette. Ainsi l'on dit : *L'argent* pour *le argent, l'histoire* pour *la histoire.*

Ce retranchement d'une lettre qu'on remplace par une apostrophe s'appelle *élision.* L'article alors s'appelle article *élidé.*

II. Devant un nom masculin singulier qui commence par une consonne ou une *h* aspirée, au lieu de mettre *de le* on met *du;* au lieu de *à le* on met *au :* **Du** *héros* pour **de le** *héros;* **au** *père* pour **à le** *père.*

Devant tous les noms pluriels, soit masculins, soit féminins, *de les* se change en *des,* *à les* se change en *aux :* **Des** *pères,* **des** *mères,* **aux** *enfants,* **aux** *histoires.*

34. Cette réunion de l'article *le, les,* avec les mots *à, de,* s'appelle *contraction. Du, au, des, aux,* sont des articles *contractés.*

CHAPITRE III.

L'ADJECTIF.

35. L'*Adjectif* est un mot que l'on ajoute au nom pour marquer la qualité, la manière d'être d'une personne ou d'une chose, c'est-à-dire, comment est ce qu'est cette personne ou cette chose.

On connaît qu'un mot est adjectif, quand on peut y joindre le mot *personne* ou *chose;* ainsi *habile, agréable,* sont des adjectifs, parce qu'on peut dire *personne habile, chose agréable.*

36. Il y a trois sortes d'adjectifs : les adjectifs *qualificatifs,* les adjectifs *déterminatifs* et les adjectifs *indéfinis.*

1° Les adjectifs *qualificatifs* marquent simplement la qualité. Quand je dis : *Homme grand,* le mot *grand* indique comment est cet homme; quand je dis : *Homme riche,* le mot *riche* indique ce qu'est cet homme. *Grand, riche,* sont des adjectifs qualificatifs.

2° Les adjectifs *déterminatifs* donnent au nom une signification précise qui le fait distinguer de tout autre objet de la même espèce. Quand je dis : *Mon livre, cette table,* les mots *mon, cette,* font connaître de quel livre, de quelle table je parle : ce sont des adjectifs déterminatifs.

3° Les adjectifs *indéfinis* expriment une idée vague ou générale qu'on n'applique point à un objet particulier ou déterminé. Quand je dis : *Plusieurs hommes, certains auteurs,* les mots *plusieurs, certains,* ne désignent pas d'une manière précise de quels hommes ni de quels auteurs je parle : ce sont des adjectifs indéfinis.

REMARQUES. I. Certains noms peuvent être employés comme adjectifs, c'est-à-dire, pour marquer une qualité; dans ce cas ils ne sont accompagnés ni de l'article, ni d'un déterminatif, ni d'un indéfini : *Il était* **berger** *et il devint* **roi.**

II. Les adjectifs qualificatifs peuvent être employés comme noms; mais alors ils sont précédés de l'article, ou d'un déterminatif, ou d'un indéfini : *L'***insensé** *se rit du* **sage**; *passer du* **blanc** *au* **noir**; *ce* **malheureux** *mérite notre pitié; plusieurs* **savants.**

DU GENRE DANS LES ADJECTIFS.

37 Les adjectifs ont les deux genres, masculin et féminin. Cette différence de genres se marque ordinairement par la dernière lettre, comme dans les noms.

38. Les adjectifs terminés au masculin par un *e* muet ne changent pas au féminin : *Un homme aimable, une femme aimable.*

REMARQUE. *Pauvre, borgne, drôle,* adjectifs, ne changent pas au féminin. Employés comme noms, ils font **pauvresse**, **borgnesse**, **drôlesse** : *Une pauvre femme, une vieille* **pauvresse**; *une femme borgne, une méchante* **borgnesse**; *une mine drôle, une petite* **drôlesse** (§ 27, II).

38 *bis*. Quand un adjectif ne finit point par un *e* muet au masculin, on y ajoute un *e* muet pour former le féminin : *Prudent, prudente*; *grand, grande*; *poli, polie*; *nu, nue*; *extérieur, extérieure.*

EXCEPTIONS :

I. Les adjectifs en *eur* dérivés d'un participe présent font le féminin en *euse : Flatteur, flatteuse*; *menteur, menteuse*; *trompeur, trompeuse*; etc.

Moteur fait *motrice.*

II. Les adjectifs terminés par *el, en, et,* doublent au féminin leur dernière consonne avant l'*e* muet : *Éternel, éternelle*; *ancien, ancienne*; *sujet, sujette.*

EXCEPTION. Les huit adjectifs suivants ne doublent pas la consonne *t* au féminin; mais ils prennent un accent grave sur l'*e* qui précède le *t* :

Complet,	fém.	*complète.*	*Indiscret,*	fém.	*indiscrète.*
Incomplet,		*incomplète.*	*Inquiet,*		*inquiète.*
Concret,		*concrète.*	*Replet,*		*replète.*
Discret,		*discrète.*	*Secret,*		*secrète.*

III. Les adjectifs en *er,* comme *fier, léger,* prennent aussi l'accent grave au féminin sur l'*e* qui précède la consonne *r* : *Fière, légère.*

39. REMARQUE. Nous avons dit (§ 16) qu'*il ne peut y avoir deux syllabes muettes à la fin d'un mot.* Quand ce cas se présente par suite des variations de la terminaison, on rend ouverte l'avant-dernière syllabe. Si, dans les adjectifs *éternel, ancien, léger,* on ajoutait seulement un *e* muet, on aurait *éterne-le, ancie-ne, lége-re.* C'est pourquoi on rend ouverte l'avant-dernière syllabe, soit en doublant la consonne finale du masculin, *éternel-le,* soit en mettant un accent grave sur l'*e, légè-re.*

IV. *Beau, nouveau,* font au féminin *belle, nouvelle,*

parce qu'au masculin on dit *bel, nouvel,* devant une voyelle ou une *h* muette : *Bel oiseau, nouvel apparte-ment. Jumeau* fait aussi *jumelle.*

V. *Fou, mou, vieux,* forment leurs féminins *folle, molle, vieille,* des masculins *fol, mol, vieil,* employés devant une voyelle ou une *h* muette : *Fol amour, mol édredon, vieil ami.*

VI. *Bas, gras, las, épais, exprès, profès, bellot, sot, vieillot, gentil, gros, nul,* ainsi que les adjectifs en *on* et en *eil,* doublent aussi la dernière consonne avec l'*e* muet au féminin : *Basse, grasse, lasse, épaisse, expresse, professe* (1), *bellotte, sotte, vieillotte, gentille, grosse, nulle, bonne, pareille,* etc.

VII. Les adjectifs terminés par *f,* comme *bref, naïf,* changent *f* en *ve : Brève, naïve.*

VIII. Les adjectifs en *x* changent l'*x* en *se : Dangereux, dangereuse; jaloux, jalouse.*

EXCEPTION. *Doux, faux, préfix, roux,* font *douce, fausse, préfixe, rousse.*

IX. Les adjectifs en *gu* prennent un tréma sur l'*e* du féminin : *Ambigu, ambiguë; exigu, exiguë.*

X. Les adjectifs suivants forment leur féminin très-irrégulièrement.

Absous (et ses analogues),	*Absoute.*
Ammoniac,	*Ammoniaque.*
Blanc,	*Blanche.*
Caduc,	*Caduque.*
Favori,	*Favorite.*
Frais,	*Fraîche.*
Franc (sincère).	*Franche.*
Franc (peuple).	*Franque* (la loi franque).

---

(1) *Exprès, profès* perdent l'accent grave au féminin, parce que l'*e* prend le son ouvert par son union avec l'*s : Profès-se, exprès-se.*

Grec,	*Grecque.*
Long, oblong,	*Longue, oblongue.*
Malin, bénin,	*Maligne, bénigne.*
Public,	*Publique.*
Sec,	*Sèche.*
Tiers,	*Tierce.*
Turc,	*Turque.*

XI. *Châtain, dispos, fat, hébreu,* ne s'emploient pas au féminin ; *grognon* sert pour les deux genres.

FORMATION DU PLURIEL

DANS LES ADJECTIFS.

40. Le pluriel dans les adjectifs se forme, comme dans les noms, en ajoutant *s* à la fin : *Bon, bonne;* au pluriel : *Bons, bonnes.*

OBSERVATION. *Tout* est le seul adjectif qui perde au pluriel la consonne finale : *Tout homme,* **tous** *les hommes.*

Mais *tout,* signifiant la réunion des parties d'un objet, est nom et conserve le *t* au pluriel : *Plusieurs touts distincts les uns des autres.*

EXCEPTIONS :

I. Les adjectifs terminés au singulier par *s, x,* ne changent pas au pluriel : *Un mur épais, des murs épais; un objet précieux, des objets précieux.*

II. *Beau, nouveau, jumeau,* prennent *x* au pluriel : *Beaux, nouveaux, jumeaux.*

41. *Bleu, fou, mou,* forment leur pluriel suivant la règle générale, en ajoutant *s* à la fin : *Bleus, fous, mous.*

Hébreu prend *x* au pluriel : *Hébreux.*

42. La plupart des adjectifs en *al* font le pluriel en *aux* : *Égal, égaux; moral, moraux;* etc.

Quelques-uns n'ont pas de pluriel masculin; d'autres, au pluriel, ne sont guère usités qu'au féminin.

Voici la liste des uns et des autres, dressée d'après le *Dictionnaire de l'Académie.*

43. Les adjectifs suivants ont le pluriel masculin en *aux* :

Abbatial,	Dorsal,	Matrimonial,
Abdominal,	Dotal,	Méridional,
Allodial,	Égal,	Monumental (*peu usité au pluriel*),
Anomal,	Électoral,	
Antimonial,	Épiscopal,	Moral,
Antisocial,	Équinoxial,	Municipal,
Archiépiscopal,	Féal,	Musical,
Arsénical,	Féodal,	Nasal,
Augural,	Fiscal,	National,
Banal,	Floral,	Numéral,
Baptismal,	Fondamental,	Nuptial.
Biennal,	Frontal,	Occidental,
Brachial,	Général,	Occipital,
Brutal,	Génital,	Ombilical,
Bursal,	Grammatical,	Ordinal,
Capital,	Guttural,	Oriental,
Cardinal,	Hémorroïdal,	Original,
Cérébral,	Illégal,	Palpébral,
Cervical,	Immoral,	Pariétal,
Chirurgical,	Impérial,	Patrimonial,
Claustral,	Inégal,	Pectoral,
Collatéral,	Infernal,	Pontifical,
Colonial,	Intercostal,	Prévotal,
Commercial,	Intestinal,	Principal,
Communal,	Lacrymal,	Pronominal,
Consistorial,	Latéral,	Provincial,
Cordial,	Légal,	Pyramidal,
Costal,	Libéral,	Quatriennal,
Curial,	Littoral,	Quinquennal,
Décennal,	Local,	Radical,
Déloyal,	Loyal,	Rénal,
Digital,	Machinal (*peu usité au pluriel*),	Rival,
Doctrinal,		Royal,
Domanial,	Martial,	Rural,

Sacerdotal,
Sacramental,
Seigneurial,
Séminal,
Sénatorial,
Septentrional,
Sépulcral,
Social,
Solsticial,

Spécial,
Spiral,
Synodal,
Temporal,
Terminal,
Théologal,
Tibial,
Total,
Triennal,

Triomphal,
Végétal,
Vénal,
Verbal,
Vertébral,
Vertical,
Vicinal,
Vital.

44. Les adjectifs suivants n'ont pas de pluriel masculin :

Amical,
Automnal,
Colossal,
Frugal,
Glacial,

Jovial,
Natal,
Naval,
Obsidional,
Partial,

Pascal,
Pastoral,
Quadragésimal.

Le pluriel masculin *fatals* est peu usité.

45. Ne sont guère usités qu'au féminin :

Bénéficial,
Boréal,
Brumal,
Canonial,
Causal,
Collégial,
Dental,

Diagonal,
Diamétral,
Dominical,
Estival,
Expérimental,
Hivernal,
Labial,

Lingual,
Lustral,
Mental,
Palatal,
Testimonial.

L'Académie se tait sur le pluriel masculin de tous les autres adjectifs en *al*.

REMARQUES. I. Dans les ouvrages de chirurgie et de médecine, il n'y a pas un seul adjectif en *al*, employé comme terme d'art, que les auteurs aient fait terminer autrement que par *aux*.

II. On trouve, dans de bons auteurs, un certain nombre de pluriels en *aux*, qui ne sont pas indiqués par l'Académie, tels sont : *Cantonnaux, conjugaux, décimaux, départementaux, horizontaux, oraux, minéraux*, etc.

DEGRÉS DE SIGNIFICATION

DANS LES ADJECTIFS.

46. On distingue dans les adjectifs trois degrés de signification : le *positif*, le *comparatif* et le *superlatif*.

47. Le *positif* n'est autre chose que l'adjectif même, comme *beau, belle, agréable*.

48. Le *comparatif*, c'est l'adjectif avec comparaison. Lorsque l'on compare deux personnes ou deux choses, on trouve que l'une est *supérieure* ou *inférieure* ou *égale* à l'autre.

Pour marquer un comparatif de *supériorité*, on met *plus* devant l'adjectif : *La rose est* **plus** *belle que la violette.*

Pour marquer un comparatif d'*infériorité*, on met *moins* ou *ne... pas si* devant l'adjectif : *La violette est* **moins** *belle* ou **n'est pas si** *belle que la rose.*

Pour marquer un comparatif d'*égalité*, on met *aussi* devant l'adjectif : *La rose est* **aussi** *belle que la tulipe.*

Le mot *que* sert à joindre les deux objets que l'on compare.

49. Il y a trois adjectifs qui expriment par eux-mêmes une comparaison : *meilleur*, au lieu de *plus bon*, qui ne se dit pas ; *moindre*, qui signifie *plus petit* ; *pire*, qui signifie *plus mauvais* : *La vertu est* **meilleure** *que la science. Son embarras est* **moindre** *que le vôtre. Le mensonge est* **pire** *que l'indocilité.*

50. Le *superlatif*, c'est l'adjectif, quand il exprime la qualité dans un très-haut degré ou dans le plus haut degré.

Il y a donc deux sortes de superlatifs :

1° Le superlatif *absolu*, qui exprime la qualité dans

un très-haut degré, sans aucune idée de comparaison : *Paris est une très-belle ville.* Ici Paris n'est comparé à aucune autre ville.

2° Le superlatif *relatif,* qui exprime la qualité dans le plus haut degré avec comparaison : *Paris est la plus belle des villes.* Le superlatif exprime ici le résultat d'une comparaison de *Paris* avec toutes les autres villes.

51. On forme le superlatif absolu en mettant *très, bien, fort,* etc., devant l'adjectif : *Très-grand, bien fidèle, fort beau.*

On forme le superlatif relatif en mettant devant le comparatif *le, la, les, mon, ton, son, notre, votre, leur : Le plus grand arbre, mon plus bel habit,* c'est-à-dire, *le plus bel habit de moi; votre plus fidèle ami,* c'est-à-dire, *le plus fidèle ami de vous.*

ADJECTIFS DÉTERMINATIFS.

52. Il y a trois sortes d'adjectifs *déterminatifs :* les adjectifs *possessifs,* l'adjectif *démonstratif* et les adjectifs *de nombre.*

I. ADJECTIFS POSSESSIFS.

53. Les adjectifs *possessifs* marquent la possession d'une chose, comme **mon** *livre,* **votre** *cheval,* **son** *chapeau,* c'est-à-dire, *le livre qui est à moi, le cheval qui est à vous, le chapeau qui est à lui.*

SINGULIER.		PLURIEL.
Masculin.	*Féminin.*	*Des deux genres.*
Mon,	Ma.	Mes.
Ton,	Ta.	Tes.
Son,	Sa.	Ses.
Notre.		Nos.
Votre.		Vos.
Leur.		Leurs

REMARQUE. *Mon, ton, son,* s'emploient au féminin devant une voyelle ou une *h* muette. On dit : **Mon** *âme* pour **ma** *âme,* **ton** *humeur* pour **ta** *humeur,* **son** *épée* pour **sa** *épée.*

II. ADJECTIFS DÉMONSTRATIFS.

54. L'adjectif *démonstratif* sert à montrer la personne ou la chose dont on parle. Quand je dis : **Ce** *livre,* **cette** *table,* **cet** *homme,* je montre le *livre,* la *table,* l'*homme,* dont je parle.

Masculin singulier.
Ce, cet.

Féminin singulier.
Cette.

Pluriel des deux genres.
Ces.

REMARQUE. On met *ce* devant les noms masculins singuliers qui commencent par une consonne ou une *h* aspirée : **Ce** *village,* **ce** *hameau.* On met *cet* devant les noms masculins singuliers qui commencent par une voyelle ou une *h* muette : **Cet** *oiseau,* **cet** *homme.*

III. ADJECTIFS DE NOMBRE.

55. Les adjectifs *de nombre* expriment la quantité, le nombre, ou bien l'ordre, le rang des personnes et des choses.

Il y en a de deux sortes : les adjectifs de nombre *cardinaux* et les adjectifs de nombre *ordinaux.*

1° Les adjectifs de nombre *cardinaux* expriment la quantité, le nombre des personnes ou des choses, comme *un, deux, trois, dix, vingt, cent, mille,* etc. **Dix** *francs,* **vingt** *hommes.*

2° Les adjectifs de nombre *ordinaux* marquent le rang, l'ordre, comme *premier* (unième), *deuxième, troisième, vingtième,* etc. *Il est venu le* **troisième** *jour; il est le* **quinzième**, *le* **vingt et unième.**

ADJECTIFS INDÉFINIS.

56. Les adjectifs *indéfinis* présentent les objets d'une manière vague et générale, sans les préciser ni les déterminer.

Ces adjectifs sont : *Nul, aucun, pas un, certain, plusieurs, même, chaque, autre, tout, tel, quel? quelque, quelconque.* **Aucun** *mortel ,* **certains** *auteurs,* **quelle** *heure est-il?*

REMARQUE. Le mot **un** est quelquefois adjectif indéfini et fait au pluriel **des** devant un nom, et **de**, quand il y a un adjectif devant le nom : *Il était monté sur* **un** *cheval fougueux, sur* **un** *beau cheval. Ils étaient montés sur* **des** *chevaux fougueux, sur* **de** *beaux chevaux.*

CHAPITRE IV.

LE PRONOM.

57. Le *Pronom* est un mot qui tient la place du nom.

Il y a cinq sortes de pronoms : les pronoms *personnels,* les pronoms *possessifs,* les pronoms *démonstratifs,* les pronoms *relatifs* et les pronoms *indéfinis.*

I. PRONOMS PERSONNELS.

58. Les pronoms *personnels* sont ceux qui désignent les *personnes.*

En grammaire on nomme *première personne* la personne qui parle, *deuxième personne* celle à qui l'on parle, et *troisième personne* celle de qui l'on parle.

59. Il y a donc trois sortes de pronoms personnels :

Pronoms de la *première personne.*

Singulier. *Je, me, moi.* } Des deux genres.
Pluriel. *Nous.*

Pronoms de la *deuxième personne.*

Singulier. *Tu, te, toi.* } Des deux genres.
Pluriel. *Vous.*

Pronoms de la *troisième personne.*

Masculin.   Féminin.
Singulier. *Il, le.*   *Elle, la.*
Lui, des deux genres.

Pluriel. *Ils, eux.*   *Elles.*

Les. } Des deux genres.
Leur.

Soi, du singulier et des deux genres.
Se, en, y, des deux genres et des deux nombres.

REMARQUES. I. *Me*, s'emploie pour *moi, à moi.*
Te,   *toi, à toi.*
Se,   *soi, à soi.*
Nous,   *nous, à nous.*
Vous,   *vous, à vous.*
Lui,   *à lui, à elle.*
Leur,   *à eux, à elles.*
En,   *de lui, d'elle, d'eux,*
                 d'elles, de cela.
Y,   *à cela, à cette chose, à ces*
                 choses.

II. Par politesse on dit *vous*, au lieu de *tu*, au singulier : **Vous** *êtes le maître.*

III. Il ne faut pas confondre *le, la, les,* pronom, avec *le, la, les,* article. Le pronom est toujours joint à un verbe : *Je* **le** *connais, je* **la** *respecte, je* **les** *estime,* *prends-***les***,* au lieu que l'article est toujours suivi d'un nom : **Le** *frère,* **la** *sœur,* **les** *hommes.*

IV. Il ne faut pas confondre le pronom *leur (à eux,*

à elles) avec *leur*, adjectif possessif. **Le pronom** *leur* est toujours joint à un verbe et ne prend jamais **s** : *Je* **leur** *parle, écris-***leur**. L'adjectif possessif *leur* est toujours devant un nom et prend **s** au pluriel : *Leurs enfants*.

II. PRONOMS POSSESSIFS.

60. Les pronoms *possessifs* marquent la possession des personnes ou des choses qu'ils représentent : ils tiennent donc la place d'un nom et d'un adjectif possessif : *C'est votre avis, et c'est aussi* **le mien,** c'est-à-dire, *c'est aussi mon avis*.

		SINGULIER.		PLURIEL.	
		Masculin.	Féminin.	Masculin.	Féminin.
A la	1re pers.	*Le mien,*	*la mienne.*	*Les miens,*	*les miennes.*
	2e »	*Le tien,*	*la tienne.*	*Les tiens,*	*les tiennes.*
	3e »	*Le sien,*	*la sienne.*	*Les siens,*	*les siennes.*
				Des deux genres.	
	1re pers.	*Le nôtre,*	*la nôtre.*	*Les nôtres.*	
	2e »	*Le vôtre,*	*la vôtre.*	*Les vôtres.*	
	3e »	*Le leur,*	*la leur.*	*Les leurs.*	

(CORRESPONDANTS)

REMARQUE. Les pronoms possessifs *le nôtre, le vôtre, les nôtres, les vôtres*, prennent un accent circonflexe sur l'**o** (*ô*), tandis que les adjectifs possessifs *notre, votre*, s'écrivent sans accent.

III. PRONOMS DÉMONSTRATIFS.

61. Les pronoms *démonstratifs* servent à montrer, à indiquer les personnes ou les choses qu'ils représentent.

SINGULIER.		PLURIEL.	
Masculin.	Féminin.	Masculin.	Féminin.
Celui,	*Celle.*	*Ceux,*	*Celles.*
Celui-ci,	*Celle-ci.*	*Ceux-ci,*	*Celles-ci.*
Celui-là,	*Celle-là.*	*Ceux-là,*	*Celles-là.*
Ce.			
Ceci.			
Cela.			

Remarque. Il ne faut pas confondre *ce*, pronom démonstratif, avec *ce*, adjectif démonstratif.

Le pronom *ce* est toujours joint au verbe *être* ou suivi du pronom relatif *qui, que, quoi, dont* : **Ce** *qui me plaît*, **c'est** *sa modestie.*

Ce, adjectif démonstratif, est toujours suivi d'un nom : **Ce** *discours est éloquent.*

IV. PRONOMS RELATIFS.

62. Les pronoms *relatifs* sont ceux qui ont rapport à un nom ou pronom qui est devant, et que l'on nomme *antécédent.*

Dans cette phrase : *Remplissez les devoirs* **qui** *vous sont imposés,* **qui** se rapporte à *devoirs,* et *devoirs* est l'antécédent du pronom relatif *qui.*

63. On les appelle aussi pronoms *conjonctifs,* parce qu'ils servent à joindre ensemble deux membres de phrase. Dans l'exemple ci-dessus, **qui** sert à joindre le premier membre de phrase, *remplissez les devoirs,* au second, **qui** *vous sont imposés.*

64. Les pronoms relatifs sont *qui, dont* ou *de qui, quoi, que,* des deux genres et des deux nombres, *lequel, laquelle, lesquels, lesquelles.* Ils s'accordent en genre, en nombre et en personne avec leur antécédent.

65. Les pronoms relatifs *qui, que, quoi, lequel,* sont quelquefois interrogatifs : **Qui** *a fait cela?* **que** *vous dirai-je? à* **quoi** *pensez-vous?*

Lorsqu'ils sont interrogatifs, ils n'ont point d'antécédent et peuvent se tourner par *quelle personne* ou *quelle chose?* Dans les exemples ci-dessus on peut dire : *Quelle personne a fait cela? quelle chose vous dirai-je? à quelle chose pensez-vous ?*

V. PRONOMS INDÉFINIS.

66. Les pronoms *indéfinis* représentent les personnes ou les choses d'une manière vague, générale, sans les préciser.

Ces pronoms sont : *On, quelqu'un, quiconque, chacun, autrui, personne, l'un, l'autre, l'un et l'autre.*

REMARQUE. *Aucun, nul, plusieurs, tel, tout,* s'emploient quelquefois seuls, et sont alors pronoms indéfinis : **Nul** *n'est prophète en son pays.* **Tout** *fuyait.* **Tel** *croit prendre qui est pris.*

CHAPITRE V.

LE VERBE.

67. Le *Verbe* est un mot dont on se sert pour exprimer que l'on est ou que l'on fait quelque chose, c'est-à-dire, pour exprimer une action ou un état du sujet.

Il n'y a qu'un seul verbe proprement dit, et c'est le verbe *être,* qu'on appelle verbe *substantif,* parce qu'il se retrouve dans tous les autres.

68. Ainsi tous les autres verbes, quelle que soit leur nature particulière, renferment le verbe *être* et un participe, c'est-à-dire, un adjectif ou attribut. On les appelle, pour cette raison, verbes *attributifs. Aimer, finir,* qui sont pour *être aimant, être finissant,* sont des verbes attributifs.

C'est pourquoi l'on dit aussi que le verbe marque le rapport de l'attribut au sujet.

69. On connaît qu'un mot est un verbe, quand on

peut le faire précéder des pronoms *Je, tu, il, nous, vous, ils*. Ainsi *dire* est un verbe, parce qu'on peut dire : **Je** *lis*, **tu** *lis*, **il** *lit*, etc.

70. Les pronoms *je, nous*, marquent la première personne, c'est-à-dire, celle qui parle : **Je** *lis*, **nous** *lisons; tu, vous*, marquent la seconde personne, c'est-à-dire, celle à qui l'on parle : **Tu** *lis*, **vous** *lisez; il, elle, ils, elles*, et tout nom placé devant un verbe, marquent la troisième personne, c'est-à-dire, celle de qui l'on parle : **Il** ou **elle** *lit;* **Paul** *lit;* **ils** ou **elles** *lisent; les* **enfants** *lisent.*

71. Il y a dans les verbes deux *nombres :* le singulier, quand il s'agit d'une seule personne, comme *Je lis, l'enfant dort;* le pluriel, quand il s'agit de plusieurs personnes, comme *Nous lisons, les enfants dorment.*

TEMPS.

72. On appelle *temps* les différentes terminaisons que prend le verbe pour indiquer l'époque à laquelle se rapporte l'action ou l'état dont on parle.

Il y a trois temps : le *présent*, qui marque que la chose est ou se fait au moment où l'on parle, comme *Je lis;* le *passé*, qui marque que la chose a été faite, comme *J'ai lu;* le *futur*, qui marque que la chose sera ou se fera, comme *Je lirai.*

73. On distingue cinq sortes de passés, savoir : l'*imparfait*, **Je lisais**; le *passé défini*, **Je lus**; le *passé indéfini*, **J'ai lu**; le *passé antérieur*, **J'eus lu**; et le *plus-que-parfait*, **J'avais lu**.

1° L'*imparfait* exprime que la chose avait lieu en même temps qu'une autre qui s'est faite dans un temps passé : **Je lisais**, *quand vous êtes entré.*

2° Le *passé défini* marque qu'une chose a été faite à une epoque bien précisée, déterminée, et entièrement passée : *Je* **lus** *ce livre l'an dernier.*

3° Le *passé indéfini* marque que la chose a été faite à une époque passée, déterminée ou non déterminée, et dont il peut rester encore quelque partie à s'écouler : **J'ai rempli** *mon devoir; j'ai* **lu** *ce livre aujourd'hui.*

4° Le *passé antérieur* marque que la chose a été faite immédiatement avant une autre qui est également passée : *Quand j'***eus fini***, je sortis.*

5° Le *plus-que-parfait* marque que la chose a été faite, immédiatement ou non, avant une autre qui est également passée : **J'avais fini**, *lorsqu'il arriva.*

74. On distingue aussi deux *futurs :* le *futur simple*, *Je* **lirai**, et le *futur passé*, **J'aurai lu.**

1° Le *futur simple* indique que la chose sera ou se fera : *Je* **partirai** *demain.*

2° Le *futur passé* marque que la chose se trouvera faite, lorsqu'une autre, qui n'est pas encore, aura lieu : **J'aurai fini**, *quand vous arriverez, avant que vous arriviez.*

75. Les temps se divisent en temps *simples* et en temps *composés*.

Les temps *simples* sont ceux qui sont exprimés en un seul mot, comme Je *lis*, je *lisais*, je *lus*, je *lirai*.

Les temps *composés* sont formés d'un participe passé et d'un des temps du verbe *avoir* ou du verbe *être*, comme **J'ai** *lu*, *j'***étais** *tombé.*

MODES

76. Les *modes* sont les différentes manières d'exprimer un même temps.

Il y a cinq modes : l'*indicatif*, le *conditionnel*, l'impératif, le *subjonctif* et l'*infinitif*.

1° On emploie l'*indicatif*, quand on dit que la chose est, *Je* **lis**; ou qu'elle a été, ***J'ai lu***; ou qu'elle sera, ***Je* lirai**.

2° On emploie le *conditionnel*, quand on indique qu'une chose serait ou qu'elle aurait été moyennant une condition : *Je* **lirais**, *si j'avais des livres.* **Il serait venu**, *si j'avais voulu.*

3° On emploie l'*impératif*, quand on commande ou quand on prie de faire une chose : **Honorez** *vos parents. Grand Dieu,* **soyez**-*nous propice.*

4° On emploie le *subjonctif* (1), quand on souhaite, ou qu'on doute, ou qu'on veut qu'une chose se fasse : *Je désire que tu* **lises**. *Je doute qu'il* **vienne**. *Je veux, il faut que tu* **partes**.

5° On emploie l'*infinitif* (2) pour exprimer l'action ou l'état d'une manière générale, c'est-à-dire, sans désigner le nombre ni la personne, comme *lire, être :* *Il est bon de* **lire**. *L'homme doit* **être** *laborieux.*

77. Tout verbe est composé de deux parties, le *radical* et la *terminaison*.

Le *radical* est la partie du verbe qui ne change pas : c'est ce qui reste, quand on a retranché la terminaison du présent de l'infinitif. Ainsi, dans *aim er* le radical est *aim*, dans *fin ir* le radical est *fin*, dans *rend re* le radical est *rend*.

La *terminaison* est la partie qui change selon le

---

(1) *Subjonctif* signifie *subordonné, dépendant;* ainsi le verbe au subjonctif est toujours dépendant d'un autre verbe.

(2) *Infinitif* signifie proprement *indéfini, indéterminé.*

nombre, la personne, le temps et le mode : ainsi dans *Aim er, j'aim e, nous aim ons, j'aim ai, que j'aim asse*, le radical est toujours *aim*, et la terminaison est tour à tour *er, e, ons, ai, asse*.

78. Écrire ou réciter de suite les différents modes d'un verbe avec tous leurs temps, leurs nombres et leurs personnes, cela s'appelle *conjuguer*.

79. On divise les verbes en quatre classes appelées *conjugaisons*, que l'on distingue par la terminaison du présent de l'infinitif.

La première conjugaison a le présent de l'infinitif terminé en *er*, comme *aim er;* la seconde en *ir*, comme *fin ir;* la troisième en *oir*, comme *recev oir;* la quatrième en *re*, comme *rend re.*

80. On appelle *réguliers* les verbes qui suivent toujours le modèle de la conjugaison à laquelle ils appartiennent; *irréguliers*, ceux qui s'écartent de ce modèle; *défectifs*, ceux auxquels il manque certains temps ou certaines personnes.

81. On distingue cinq sortes de verbes : l'*actif*, le *passif*, le *neutre*, le *pronominal* et l'*impersonnel*.

82. Il y a deux verbes que l'on nomme *auxiliaires*, parce qu'ils aident à conjuguer tous les autres ; c'est le verbe *avoir* et le verbe *être*.

83.   **VERBE AUXILIAIRE** *AVOIR.*

INDICATIF.	IMPARFAIT.
PRÉSENT.	
J'ai.	J'avais.
Tu as.	Tu avais.
Il a.	Il avait.
Nous avons.	Nous avions.
Vous avez.	Vous aviez.
Ils ont.	Ils avaient.

PASSÉ DÉFINI.

J'eus.
Tu eus.
Il eut.
Nous eûmes.
Vous eûtes.
Ils eurent.

PASSÉ INDÉFINI.

J'ai eu.
Tu as eu.
Il a eu.
Nous avons eu.
Vous avez eu.
Ils ont eu.

PASSÉ ANTÉRIEUR.

J'eus eu.
Tu eus eu.
Il eut eu.
Nous eûmes eu.
Vous eûtes eu.
Ils eurent eu.

PLUS-QUE-PARFAIT.

J'avais eu.
Tu avais eu.
Il avait eu.
Nous avions eu.
Vous aviez eu.
Ils avaient eu.

FUTUR.

J'aurai.
Tu auras.
Il aura.
Nous aurons.
Vous aurez.
Ils auront

FUTUR PASSÉ.

J'aurai eu.
Tu auras eu.
Il aura eu.
Nous aurons eu.
Vous aurez eu.
Ils auront eu.

CONDITIONNEL.
PRÉSENT.

J'aurais.
Tu aurais.
Il aurait.
Nous aurions.
Vous auriez.
Ils auraient.

PASSÉ.

J'aurais eu.
Tu aurais eu.
Il aurait eu.
Nous aurions eu.
Vous auriez eu.
Ils auraient eu.

On dit aussi : *J'eusse eu, tu eusses eu, il eût eu, nous eussions eu, vous eussiez eu, ils eussent eu.*

IMPÉRATIF.

(Point de 1re ni de 3e personne du singulier, ni de 3e du pluriel.)

Sing. . . . .
  Aie.
. . . .
Plur. Ayons.
  Ayez.
. . . .

SUBJONCTIF.
PRÉSENT.

Que j'aie.
Que tu aies.
*Qu'*il ait.
Que nous ayons.
Que vous ayez.
*Qu'*ils aient.

IMPARFAIT.

Que j'eusse.
Que tu eusses.
*Qu'*il eût.
Que nous eussions.
Que vous eussiez.
*Qu'*ils eussent.

PASSÉ.

Que j'aie eu.
Que tu aies eu.
*Qu'*il ait eu.
Que nous ayons eu.
Que vous ayez eu.
*Qu'*ils aient eu.

PLUS-QUE-PARFAIT

Que j'eusse eu.
Que tu eusses eu.
*Qu'*il eût eu.
Que nous eussions eu.
Que vous eussiez eu.
*Qu'*ils eussent eu.

INFINITIF.

PRÉSENT.

Avoir.

PASSÉ.

Avoir eu.

PARTICIPES.

PRÉSENT.

Ayant.

PASSÉ.

Ayant eu.

REMARQUE. Le verbe auxiliaire *avoir* rentre lui-même dans la classe des verbes attributifs, c'est-à-dire, qu'il est formé du participe présent actif et du verbe auxiliaire *être* : ainsi *j'ai peur* est pour *je* **suis ayant** *peur*; *j'ai froid,* pour *je* **suis ayant** *froid*; etc.

84.   **VERBE AUXILIAIRE** *ÊTRE*.

INDICATIF.

PRÉSENT.

Je suis.
Tu es.
Il est.
Nous sommes.
Vous êtes.
Ils sont.

IMPARFAIT.

J'étais.
Tu étais.
Il était.
Nous étions.
Vous étiez.
Ils étaient.

PASSÉ DÉFINI.

Je fus.
Tu fus.
Il fut.
Nous fûmes.
Vous fûtes.
Ils furent.

PASSÉ INDÉFINI.

J'ai été.
Tu as été.
Il a été.
Nous avons été.
Vous avez été.
Ils ont été.

PASSÉ ANTÉRIEUR.

J'eus été.
Tu eus été.
Il eut été.
Nous eûmes été.
Vous eûtes été.
Ils eurent été.

PLUS-QUE-PARFAIT.

J'avais été.
Tu avais été.
Il avait été.
Nous avions été.
Vous aviez été.
Ils avaient été.

FUTUR

Je serai.
Tu seras.
Il sera.
Nous serons.
Vous serez.
Ils seront.

FUTUR PASSÉ.

J'aurai été.
Tu auras été.
Il aura été.
Nous aurons été.
Vous aurez été.
Ils auront été.

CONDITIONNEL.

PRÉSENT.

Je serais.
Tu serais.
Il serait.
Nous serions.
Vous seriez.
Ils seraient.

PASSÉ.

J'aurais été.
Tu aurais été.
Il aurait été.
Nous aurions été.
Vous auriez été
Ils auraient été.

On dit aussi : *J'eusse été, tu eusses été, il eût été, nous eussions été, vous eussiez été, ils eussent été.*

IMPÉRATIF.

(Point de 1ʳᵉ ni de 3ᵉ personne du singulier, ni de 3ᵉ du pluriel.)
Sing. . . . .
    Sois.
. . . .
Plur. Soyons.
    Soyez.
. . . .

SUBJONCTIF.

PRÉSENT.

Que je sois.
Que tu sois.
*Qu'*il soit.
Que nous soyons.
Que vous soyez.
*Qu'*ils soient.

IMPARFAIT.

Que je fusses.
Que tu fusses.
*Qu'*il fût.
Que nous fussions.
Que vous fussiez.
*Qu'*ils fussent.

PASSÉ.

Que j'aie été.
Que tu aies été.
*Qu'*il ait été.
Que nous ayons été.
Que vous ayez été.
*Qu'*ils aient été.

PLUS-QUE-PARFAIT.

Que j'eusse été.
Que tu eusses été.
*Qu'*il eût été.
Que nous eussions été.
Que vous eussiez été.
*Qu'*ils eussent été.

2.

INFINITIF.

PRÉSENT.

Être.

PASSÉ.

Avoir été.

PARTICIPES.

PRÉSENT.

Étant.

PASSÉ.

Ayant été.

VERBES ACTIFS.

85. ## PREMIÈRE CONJUGAISON EN *ER*.

AIMER (modèle).

INDICATIF.

PRÉSENT.

J'aim *e*.
Tu aim *es*.
Il aim *e*.
Nous aim *ons*.
Vous aim *ez*.
Ils aim *ent*.

IMPARFAIT.

J'aim *ais*.
Tu aim *ais*.
Il aim *ait*.
Nous aim *ions*.
Vous aim *iez*.
Ils aim *aient*.

PASSÉ DÉFINI.

J'aim *ai*.
Tu aim *as*.
Il aim *a*.
Nous aim *âmes*.
Vous aim *âtes*.
Ils aim *èrent*.

PASSÉ INDÉFINI.

J'ai aim *é*.
Tu as aim *é*.
Il a aim *é*.
Nous avons aim *é*.
Vous avez aim *é*.
Ils ont aim *é*.

PASSÉ ANTÉRIEUR.

J'eus aim *é*.
Tu eus aim *é*.
Il eut aim *é*.
Nous eûmes aim *é*.
Vous eûtes aim *é*.
Ils eurent aim *é*.

PLUS-QUE-PARFAIT.

J'avais aim *é*.
Tu avais aim *é*.
Il avait aim *é*.
Nous avions aim *é*.
Vous aviez aim *é*.
Ils avaient aim *é*.

FUTUR.

J'aim *erai*.
Tu aim *eras*.
Il aim *era*.
Nous aim *erons*.
Vous aim *erez*.
Ils aim *eront*.

FUTUR PASSÉ.

J'aurai aim *é*.
Tu auras aim *é*.
Il aura aim *é*.
Nous aurons aim *é*.
Vous aurez aim *é*.
Ils auront aim *é*.

CONDITIONNEL.

PRÉSENT.

J'aim *erais*.
Tu aim *erais*.
Il aim *erait*.
Nous aim *erions*
Vous aim *eriez*.
Ils aim *eraient*.

PASSÉ.

J'aurais aim *é*.
Tu aurais aim *é*.
Il aurait aim *é*.
Nous aurions aim *é*.
Vous auriez aim *é*.
Ils auraient aim *é*.

On dit aussi : *J'eusse aimé, tu eusses aimé, il eût aimé, nous eussions aimé, vous eussiez aimé, ils eussent aimé* (1).

IMPÉRATIF.

(*Point de 1re ni de 3e personne du singuliér, ni de 3e du pluriel.*)

Sing. ....
    Aim *e*.
....
Plur. Aim *ons*.
    Aim *ez*.
....

SUBJONCTIF.

PRÉSENT.

Que j'aim *e*.
Que tu aim *es*.
Qu'il aim *e*.
Que nous aim *ions*.
Que vous aim *iez*.
Qu'ils aim *ent*.

IMPARFAIT.

Que j'aim *asse*.
Que tu aim *asses*.
Qu'il aim *ât*.
Que nous aim *assions*.
Que vous aim *assiez*.
Qu'ils aim *assent*.

PASSÉ.

Que j'aie aim *é*.
Que tu aies aim *é*.
Qu'il ait aim *é*.
Que nous ayons aim *é*.
Que vous ayez aim *é*.
Qu'ils aient aim *é*.

PLUS-QUE-PARFAIT.

Que j'eusse aim *é*.
Que tu eusses aim *é*.
Qu'il eût aim *é*.
Que nous eussions aim *é*.
Que vous eussiez aim *é*.
Qu'ils eussent aim *é*.

INFINITIF.

PRÉSENT.

Aim *er*.

PASSÉ.

Avoir aim *é*.

PARTICIPES.

PRÉSENT.

Aim *ant*.

PASSÉ.

Ayant aim *é*.

Ainsi se conjuguent *chanter, danser, parler, porter, pleurer,* etc.

____

(1) Presque tous les passés ont une autre forme dont on se sert rarement : *J'ai eu aimé, j'avais eu aimé, j'aurais eu aimé, j'eusse eu aimé,* etc.

OBSERVATIONS

sur certains verbes de la première conjugaison.

86. Dans les verbes dont le radical est terminé par un *c*, on met une cédille sous le *c* (*ç*), quand il se trouve devant les voyelles *a*, *o*, pour lui conserver le son qu'il a au présent de l'infinitif (§ 18) :

Annonç er,	nous annonç ons,	il annonç ait.
Effaç er,	nous effaç ons,	il effaç ait.

Ainsi se conjuguent *enfoncer*, *glacer*, *menacer*, etc.

REMARQUE. La même chose a lieu dans certains verbes de la troisième conjugaison, quand le *c* est suivi d'un *o* ou d'un *u* :

Recevoir,   il reç oit, il reç ut.

87. Dans les verbes dont le radical est terminé par un *g*, on ajoute un *e* muet après le *g*, quand la terminaison commence par *a* ou par *o* :

Jug er, jug-e-ant, jug-e-ons.

Ainsi se conjuguent *abréger*, *changer*, *diriger*, etc.

88. On a vu (§ 16) qu'un mot ne peut être terminé par deux syllabes muettes de suite. Cette règle appliquée à la conjugaison de certains verbes donne lieu aux remarques suivantes :

I. Les verbes en *eler*, *eter*, doublent les consonnes *l*, *t*, quand la terminaison commence par un *e* muet, et l'*e* muet du radical prend le son ouvert : *Il appelle, tu appelleras; je jette, je jetterais.*

Ainsi se conjuguent *amonceler*, *épeler*, *cacheter*, *fureter*, *souffleter*, etc.

L'Académie cite les exceptions suivantes où l'*e* muet du radical se change en *e* ouvert, et prend l'accent grave, au lieu de redoubler la consonne *l* ou *t* :

Acheter, racheter,	il achète, il rachète.
Becqueter *ou* béqueter,	il béquète.
Celer, déceler,	il cèle, il décèle.
Décolleter,	il décollète.
Écarteler,	il écartèle.
Étiqueter,	il étiquète.
Geler, dégeler,	il gèle, il dégèle.
Harceler,	il harcèle.
Marteler,	il martèle.
Modeler,	il modèle.
Peler,	il pèle.

Le verbe *épousseter* fait *j'épousseterai*, sans doubler la consonne *t*, et sans prendre l'accent grave sur l'*e* qui la précède.

II. Les verbes qui ont un *e* muet à l'avant-dernière syllabe, comme *lever, mener*, prennent un accent grave sur cet *e*, quand la syllabe suivante est muette : *Je lève, je lèverais; nous mènerons, nous mènerions.*

Ainsi se conjuguent *achever, dépecer, peser, promener*, etc.

III. Les verbes qui ont un *e* fermé (*é*) à l'avant dernière syllabe comme *accélérer, céder, empiéter, révéler*, le changent en *e* ouvert, en remplaçant l'accent aigu par un accent grave, quand cet *e* est suivi d'une syllabe muette qui termine le mot : *J'accélère, je cède, j'empiète, je révèle.*

Cependant l'*e* fermé se conserve au futur et au conditionnel, bien qu'il soit suivi d'une syllabe muette, parce qu'alors cette syllabe muette ne termine pas le mot. Ainsi on écrira : *J'accélérerai, je céderais, j'empiéterai, je révélerais.*

Ainsi se conjuguent *allécher, alléguer, célébrer, modérer, régler, régner*, etc.

EXCEPTION. Les verbes en *éger* (§ 16. Rem.) et en *éer*, comme *assiéger, protéger, créer*, conservent l'accent aigu dans toute leur conjugaison : *J'assiége, je protége, je crée, il assiégera, nous protégerons, il créera.*

Ainsi se conjuguent *abréger, alléger, agréer, suppléer,* etc.

89. Tous les verbes dont le participe présent est-terminé par **yant**, à quelque conjugaison qu'ils appartiennent, conservent l'y toutes les fois que l'on entend le son de deux *i* : *Essuyer, essuyant, j'essuyais ; croire, croyant, je croyais ; employer, employant, j'employais.*

Remarques. I. On remplace l'y par un *i* devant un *e* muet : *J'essuierai, que je croie, ils emploient.*

Grasseyer conserve partout l'y.

II. Dans les verbes en *ayer,* où l'y est précédé d'un *a,* on peut indifféremment conserver l'y ou le remplacer par un *i,* devant un *e* muet à la troisième personne du singulier et du pluriel, ainsi l'on écrit : *Il paye, ils payent,* ou bien *Il paie, ils paient ;* au futur et au conditionnel, *Je payerai* ou *je paierai, je payerais* ou *je paierais.* A ces deux derniers temps, l'Académie autorise même la suppression de l'e muet, en marquant la contraction par un accent circonflexe placé sur l'*i* : *Je pairai, je pairais.*

90. Tous ces verbes prennent un *i* après l'y à la première et à la deuxième personne du pluriel de l'imparfait de l'indicatif et du présent du subjonctif, l'y appartenant au radical et l'i à la terminaison : *Pay-ant, nous pay-ions, vous pay-iez ; croyant, que nous croy-ions, que vous croy-iez ;* etc.

Il n'y a qu'une exception : *Ayant, que nous ayons, que vous ayez.*

Ainsi se conjuguent *balayer, appuyer, ployer,* etc.

91. Dans toutes les conjugaisons, les verbes dont le radical est terminé par un *i* au participe présent, comme

priant, riant, prennent deux *i* de suite à la première et à la deuxième personne du pluriel de l'imparfait de l'indicatif et du présent du subjonctif, parce que le premier *i* appartient au radical et le second à la terminaison : *Nous pri-ions, vous pri-iez; que nous ri-ions, que vous ri-iez.*

Ainsi se conjuguent *crier, lier, nier. supplier,* etc.

---

92. **SECONDE CONJUGAISON EN *IR*.**

FINIR (modèle).

INDICATIF.

PRÉSENT.

Je fin *is.*
Tu fin *is.*
Il fin *it.*
Nous fin *issons.*
Vous fin *issez.*
Ils fin *issent*

IMPARFAIT.

Je fin *issais.*
Tu fin *issais.*
Il fin *issait.*
Nous fin *issions.*
Vous fin *issiez.*
Ils fin *issaient*

PASSÉ DÉFINI.

Je fin *is.*
Tu fin *is.*
Il fin *it.*
Nous fin *îmes.*
Vous fin *îtes.*
Ils fin *irent.*

PASSÉ INDÉFINI.

J'ai fin *i.*
Tu as fin *i.*
Il a fin *i.*
Nous avons fin *i.*
Vous avez fin *i.*
Ils ont fin *i.*

PASSÉ ANTÉRIEUR.

J'eus fin *i.*
Tu eus fin *i.*
Il eut fin *i.*
Nous eûmes fin *i.*
Vous eûtes fin *i.*
Ils eurent fin *i.*

PLUS-QUE-PARFAIT.

J'avais fin *i.*
Tu avais fin *i.*
Il avait fin *i.*
Nous avions fin *i.*
Vous aviez fin *i.*
Ils avaient fin *i.*

FUTUR.

Je fin *irai.*
Tu fin *iras.*
Il fin *ira.*
Nous fin *irons.*
Vous fin *irez.*
Ils fin *iront.*

FUTUR PASSÉ.

J'aurai fin *i.*
Tu auras fin *i.*
Il aura fin *i.*
Nous aurons fin *i.*
Vous aurez fin *i.*
Ils auront fin *i.*

CONDITIONNEL.

PRÉSENT.

Je fin *irais.*
Tu fin *irais.*
Il fin *irait.*
Nous fin *irions.*
Vous fin *iriez.*
Ils fin *iraient.*

PASSÉ.

J'aurais fin *i.*
Tu aurais fin *i.*
Il aurait fin *i.*
Nous aurions fin *i.*
Vous auriez fin *i.*
Ils auraient fin *i.*

On dit aussi : *J'eusse fini, tu eusses fini, il eût fini, nous eussions fini, vous eussiez fini, ils eussent fini.*

IMPÉRATIF.

(Point de 1ᵣₑ *ni de* 3e *personne du singulier, ni de* 3ᵉ *du pluriel.)*

Sing. . . . .
      Fin *is.*
. . . .
Plur. Fin *issons.*
      Fin *issez.*
. . . . . ^

SUBJONCTIF.

PRÉSENT.

Que je fin *isse.*
Que tu fin *isses.*
*Qu'*il fin *isse.*
Que nous fin *issions.*
Que vous fin *issiez.*
*Qu'*ils fin *issent.*

IMPARFAIT.

Que je fin *isse.*
Que tu fin *isses.*
*Qu'*il fin *ît.*
Que nous fin *issions.*
Que vous fin *issiez.*
*Qu'*ils fin *issent.*

PASSÉ.

Que j'aie fin *i.*
Que tu aies fin *i.*
*Qu'*il ait fin *i.*
Que nous ayons fin *i.*
Que vous ayez fin *i.*
*Qu'*ils aient fin *i.*

PLUS-QUE-PARFAIT.

Que j'eusse fin *i.*
Que tu eusses fin *i.*
*Qu'*il eût fin *i.*
Que nous eussions fin *i.*
Que vous eussiez fin *i.*
*Qu'*ils eussent fin *i.*

INFINITIF.

PRÉSENT.

Fin *ir.*

PASSÉ.

Avoir fin *i.*

PARTICIPES.

PRÉSENT.

Fin *issant.*

PASSÉ.

Ayant fin *i.*

Ainsi se conjuguent *avertir, embellir, guérir, obéir,* etc.

OBSERVATIONS

sur certains verbes de la deuxième conjugaison.

93. *Fleurir,* au figuré, quand il s'agit d'une personne, d'un peuple, d'une ville, fait toujours au participe présent *florissant,* et à l'imparfait de l'indicatif *florissait : Athènes* **florissait** *sous Périclès.* Mais on dit indifféremment : *Les sciences et les arts* **florissaient** ou **fleurissaient.**

94. *Assaillir, tressaillir, ouvrir, couvrir, offrir, souffrir,* prennent au présent de l'indicatif les terminaisons de la première conjugaison : *Je tressaille, tu tressailles, il tressaille ; j'ouvre, tu ouvres, il ouvre ; j'offre, tu offres, il offre.*

95. *Cueillir* et ses composés *accueillir, recueillir,* prennent les terminaisons de la première conjugaison au présent de l'indicatif, au futur et au conditionnel : *Je cueille, tu cueilles, il cueille ; je cueillerai, vous cueillerez, ils cueilleraient.*

96. *Haïr* prend le tréma sur l'*i* dans toute la conjugaison, excepté aux trois personnes du singulier du présent de l'indicatif : *Je hais, tu hais, il hait ;* et à la seconde personne (peu usitée) du singulier de l'impératif : *Hais.* Dans le même verbe, l'accent circonflexe est remplacé par le tréma au passé défini, pour la première et la seconde personne du pluriel, qui sont peu usitées : *Nous haïmes, vous haïtes ;* et à l'imparfait du subjonctif, pour la troisième personne du singulier : *Qu'il haït.*

97. *Bénir* a deux participes passifs : *bénit, bénite,* pour les choses consacrées par la religion : *Pain bénit, eau bénite ;* et partout ailleurs *béni, bénie : Vous êtes

bénie entre toutes les femmes. Le prêtre a béni l'assistance. L'eau que le prêtre a bénie est de l'eau bénite.

---

98.   TROISIÈME CONJUGAISON EN *OIR*.

RECEVOIR (modèle).

INDICATIF.

PRÉSENT.

Je reç *ois.*
Tu reç *ois.*
Il reç *oit.*
Nous recev *ons.*
Vous recev *ez.*
Ils reç *oivent.*

IMPARFAIT.

Je recev *ais.*
Tu recev *ais.*
Il recev *ait.*
Nous recev *ions.*
Vous recev *iez.*
Ils recev *aient.*

PASSÉ DÉFINI.

Je reç *us.*
Tu reç *us.*
Il reç *ut.*
Nous reç *ûmes.*
Vous reç *ûtes.*
Ils reç *urent.*

PASSÉ INDÉFINI.

J'ai reç *u.*
Tu as reç *u.*
Il a reç *u.*
Nous avons reç *u.*
Vous avez reç *u.*
Ils ont reç *u.*

PASSÉ ANTÉRIEUR.

J'eus reç *u.*
Tu éus reç *u.*
Il eut reç *u.*
Nous eûmes reç *u.*
Vous eûtes reç *u.*
Ils eurent reç *u.*

PLUS-QUE-PARFAIT.

J'avais reç *u.*
Tu avais reç *u.*
Il avait reç *u.*
Nous avions reç *u.*
Vous aviez reç *u.*
Ils avaient reç *u.*

FUTUR.

Je recev *rai.*
Tu recev *ras.*
Il recev *ra.*
Nous recev *rons.*
Vous recev *rez.*
Ils recev *ront.*

FUTUR PASSÉ.

J'aurai reç *u.*
Tu auras reç *u.*
Il aura reç *u.*
Nous aurons reç *u.*
Vous aurez reç *u.*
Ils auront reç *u.*

CONDITIONNEL.

PRÉSENT.

Je recev *rais*.
Tu recev *rais*.
Il recev *rait*.
Nous recev *rions*.
Vous recev *riez*.
Ils recev *raient*.

PASSÉ.

J'aurais reç *u*.
Tu aurais reç *u*.
Il aurait reç *u*.
Nous aurions reç *u*.
Vous auriez reç *u*.
Ils auraient reç *u*.

On dit aussi : *J'eusse reçu, tu eusses reçu, il eût reçu, nous eussions reçu, vous eussiez reçu, ils eussent reçu.*

IMPÉRATIF.

(Point de 1ʳᵉ ni de 3ᵉ personne du singulier, ni de 3ᵉ du pluriel.)

Sing. . . . .
Reç *ois.*
. . . .
Plur. Recev *ons.*
Recev *ez.*
. . . .

SUBJONCTIF.

PRÉSENT.

Que je reç *oive.*
Que tu reç *oives.*
Qu'il reç *oive.*
Que nous reç *evions.*
Que vous reç *eviez.*
Qu'ils reç *oivent.*

IMPARFAIT.

Que je reç *usse.*
Que tu reç *usses.*
Qu'il reç *ût.*
Que nous reç *ussions.*
Que vous reç *ussiez.*
Qu'ils reç *ussent.*

PASSÉ.

Que j'aie reç *u.*
Que tu aies reç *u.*
Qu'il ait reç *u.*
Que nous ayons reç *u.*
Que vous ayez reç *u.*
Qu'ils aient reç *u.*

PLUS-QUE-PARFAIT.

Que j'eusse reç *u.*
Que tu eusses reç *u.*
Qu'il eût reç *u.*
Que nous eussions reç *u.*
Que vous eussiez reç *u.*
Qu'ils eussent reç *u.*

INFINITIF.

PRÉSENT.

Recev *oir.*

PASSÉ.

Avoir reç *u.*

PARTICIPES.

PRÉSENT.

Recev *ant.*

PASSÉ.

Ayant reç *u.*

Ainsi se conjuguent *devoir, redevoir, apercevoir, concevoir,* etc.

OBSERVATIONS

sur certains verbes de la troisième conjugaison.

99. Parmi les verbes qui appartiennent à cette conjugaison, il n'y a que les verbes en *evoir* qui se conjuguent sur *recevoir* ; tous les autres sont irréguliers.

100. *Devoir*, *redevoir* et *mouvoir* prennent un accent circonflexe au participe passé masculin singulier : *Dû, redû, mû.*

———

101.   QUATRIÈME CONJUGAISON EN *RE*.

RENDRE (modèle).

INDICATIF.

PRÉSENT.

Je rend *s.*
Tu rend *s.*
Il rend.
Nous rend *ons.*
Vous rend *ez.*
Ils rend *ent.*

IMPARFAIT.

Je rend *ais.*
Tu rend *ais.*
Il rend *ait.*
Nous rend *ions.*
Vous rend *iez.*
Ils rend *aient.*

PASSÉ DÉFINI.

Je rend *is.*
Tu rend *is.*
Il rend *it.*
Nous rend *îmes.*
Nous rend *îtes.*
Ils rend *irent.*

PASSÉ INDÉFINI.

J'ai rend *u.*
Tu as rend *u.*
Il a rend *u.*
Nous avons rend *u.*
Vous avez rend *u.*
Ils ont rend *u.*

PASSÉ ANTÉRIEUR.

J'eus rend *u.*
Tu eus rend *u.*
Il eut rend *u.*
Nous eûmes rend *u.*
Vous eûtes rend *u.*
Ils eurent rend *u.*

PLUS-QUE-PARFAIT.

J'avais rend *u.*
Tu avais rend *u.*
Il avait rend *u.*
Nous avions rend *u.*
Vous aviez rend *u.*
Ils avaient rend *u.*

FUTUR.

Je rend *rai.*
Tu rend *ras.*
Il rend *ra.*
Nous rend *rons.*
Vous rend *rez.*
Ils rend *ront.*

FUTUR PASSÉ.

J'aurai rend *u.*
Tu auras rend *u.*
Il aura rend *u.*
Nous aurons rend *u.*
Vous aurez rend *u.*
Ils auront rend *u.*

CONDITIONNEL.

PRÉSENT.

Je rend *rais*.
Tu rend *rais*.
Il rend *rait*.
Nous rend *rions*.
Vous rend *riez*.
Ils rend *raient*.

PASSÉ.

J'aurais rend *u*.
Tu aurais rend *u*.
Il aurait rend *u*.
Nous aurions rend *u*.
Vous auriez rend *u*.
Ils auraient rend *u*.

On dit aussi : *J'eusse rendu, tu eusses rendu, il eût rendu, nous eussions rendu, vous eussiez rendu, ils eussent rendu.*

IMPÉRATIF.

(Point de 1re ni de 3e personne du singulier, ni de 3e du pluriel).

Sing. . . . .
    Rend *s*.
. . . .
Plur. Rend *ons*.
    Rend *ez*.
. . . .

SUBJONCTIF.

PRÉSENT.

Que je rend *e*.
Que tu rend *es*.
*Qu'*il rend *e*.
Que nous rend *ions*.
Que vous rend *iez*.
*Qu'*ils rend *ent*.

IMPARFAIT.

Que je rend *isse*.
Que tu rend *isses*.
*Qu'*il rend *ît*.
Que nous rend *issions*.
Que vous rend *issiez*.
*Qu'*ils rend *issent*.

PASSÉ.

Que j'aie rend *u*.
Que tu aies rend *u*.
*Qu'*il ait rend *u*.
Que nous ayons rend *u*.
Que vous ayez rend *u*.
*Qu'*ils aient rend *u*.

PLUS-QUE-PARFAIT.

Que j'eusse rend *u*.
Que tu eusses rend *u*.
*Qu'*il eût rend *u*.
Que nous eussions rend *u*.
Que vous eussiez rend *u*.
*Qu'*ils eussent rend *u*.

INFINITIF.

PRÉSENT.

Rend *re*.

PASSÉ.

Avoir rend *u*.

PARTICIPES.

PRÉSENT.

Rend *ant*.

PASSÉ.

Ayant rend *u*.

Ainsi se conjuguent *attendre, descendre, vendre, répondre, confondre,* etc.

OBSERVATIONS

sur certains verbes de la quatrième conjugaison.

102. Les verbes dont le radical est terminé par un *d* conservent le *d* aux trois personnes du singulier du présent de l'indicatif : *Je rends, tu couds, il tord.*

103. Les verbes en *indre* et en *soudre* perdent le *d* au présent de l'indicatif, à la première et la seconde personne du singulier, et le remplacent par un *t* à la troisième : *Je peins, tu peins, il peint; j'absous, tu absous, il absout.*

104. *Vaincre* et son composé *convaincre* font à la troisième personne du singulier du présent de l'indicatif : *Il vainc, il convainc;* mais le présent et l'imparfait sont peu usités.

105. Les verbes en *aître* et en *oître*, comme *paraître, croître,* prennent un accent circonflexe sur l'*i,* quand il est suivi de *t : Il paraît, il croîtra.*

Croître prend aussi l'accent circonflexe au participe passé : *La rivière a crû.*

106. *Plaire* et ses composés prennent également l'accent circonflexe à la troisième personne du singulier du présent de l'indicatif : *Il plaît, il déplaît.*

FORMATION DES TEMPS.

107. On appelle temps *primitifs* d'un verbe ceux qui servent à former les autres temps dans les quatre conjugaisons.

On appelle temps *dérivés* ceux qui se forment des temps primitifs.

108. Il y a cinq temps primitifs : le *présent de l'infi-nitif*, le *participe présent*, le *participe passé*, le *présent de l'indicatif* et le *passé défini*.

TABLEAU DES TEMPS PRIMITIFS.

	PRÉSENT de l'infinitif.	PARTICIPE présent.	PARTICIPE passé.	PRÉSENT de l'indicatif.	PASSÉ défini.
1re conj.	Aimer.	Aim*ant*.	Ayant aim*é*.	J'aime.	J'aim*ai*.
2e conj.	Fin*ir*.	Finiss*ant*.	Ayant fin*i*.	Je fin*is*.	Je fin*is*.
3e conj.	Recev*oir*.	Recev*ant*.	Ayant reçu.	Je reçois.	Je reçus.
4e conj.	Rend*re*.	Rend*ant*.	Ayant rend*u*.	Je rends.	Je rend*is*.

I. PRÉSENT DE L'INFINITIF.

109. Du présent de l'infinitif on forme le *futur de l'indicatif* et le *conditionnel présent* en changeant r, *ir, re* en *rai* et en *rais*.

Aimer,   *Fut.* j'aime*rai*,   *Condit.* j'aime*rais*.
Fin*ir*,   je fini*rai*,   je fini*rais*.
Recev*oir*,   je recev*rai*,   je recev*rais*.
Rend*re*,   je rend*rai*,   je rend*rais*.

II. PARTICIPE PRÉSENT.

110. Du participe présent on forme :

1° Les *trois personnes du pluriel du présent de l'indicatif* en changeant *ant* en *ons*, *ez*, *ent :*

Aim*ant*,	nous aim*ons*,	vous aim*ez*,	ils aim*ent*.
Finiss*ant*,	nous finiss*ons*,	vous finiss*ez*,	ils finiss*ent*.
Recev*ant*,	nous recev*ons*,	vous recev*ez*,	. . . .
Rend*ant*,	nous rend*ons*,	vous rend*ez*,	ils rend*ent*.

2° L'*imparfait de l'indicatif* en changeant *ant* en *ais :*

Aim*ant*,	j'aim*ais*.
Finiss*ant*,	je finiss*ais*.
Recev*ant*,	je recev*ais*.
Rend*ant*,	je rend*ais*.

3° Le *présent du subjonctif* en changeant *ant* en *e* muet :

Aim*ant*,	*que* j'aim*e*.
Finiss*ant*,	*que* je finiss*e*.
. . . .	. . . .
Rend*ant*,	*que* je rend*e*.

III. PARTICIPE PASSÉ (1).

111. Du participe passé *ayant aimé, ayant fini,* etc., combiné avec les temps simples du verbe *être,* on forme tous les temps composés (§ 83, REM.) :

J'ai aimé.	(Je *suis ayant* aimé.)
J'avais fini.	(J'*étais ayant* fini.)
Que j'aie reçu.	(Que je *suis ayant* reçu.)
Que j'eusse rendu.	(Que je *fusse ayant* rendu.)

IV. PRÉSENT DE L'INDICATIF.

112. Du présent de l'indicatif on forme l'*impératif* en ôtant les pronoms *je, nous, vous.*

INDICATIF PRÉSENT. *J'*aime, *nous* aimons, *vous* aimez.
IMPÉRATIF.   Aime,   aimons,   aimez.

---

(1) Les verbes qui appartiennent à la troisième conjugaison présentent tous quelque irrégularité ; ils sont du reste peu nombreux.

V. PASSÉ DÉFINI.

113. Du *passé* défini on forme *l'imparfait du subjonctif* en changeant *ai* en *asse* pour la première conjugaison, et en ajoutant *se* pour les trois autres :

J'aim*ai*,	que j'aim*asse*.
Je finis,	que je fini*sse*.
Je reçus,	que je reçu*sse*.
Je rendis,	que je rendi*sse*.

REMARQUES. I. Les composés d'un verbe suivent la conjugaison de leur simple ; par exemple, les composés *promettre, admettre,* etc., se conjuguent comme le verbe simple *mettre.*

Il y a cependant quelques exceptions, par exemple, les composés des verbes *voir* et *dire.* (*Voyez ci-après la liste des verbes irréguliers.*)

II. Lorsqu'un temps primitif n'est pas usité, ordinairement les temps qui en dérivent ne le sont pas non plus. Ainsi *absoudre,* n'ayant pas de prétérit défini, manque également de l'imparfait du subjonctif.

VERBES IRRÉGULIERS ET VERBES DÉFECTIFS.

REMARQUE. Un verbe peut être irrégulier dans ses temps primitifs, comme *dormir, moudre,* ou dans ses temps dérivés, comme *envoyer, savoir.*

PREMIÈRE CONJUGAISON.

Aller, allant, allé, je vais, j'allai.

Indicatif présent : *Je vais* ou *je vas, tu vas, il va, nous allons, vous allez, ils vont.* Futur : *J'irai.* Conditionnel : *J'irais.* Impératif : *Va, allons, allez.* Subjonctif présent : *Que j'aille, que tu ailles, qu'il aille, que nous allions, que vous alliez, qu'ils aillent.* Les temps composés prennent l'auxiliaire *être.*

S'en aller se conjugue comme **aller.** Passé indéfini : *Je m'en suis allé* ou *allée.* Impératif : *Va-t'en, allons-nous-en, allez-vous-en.*

Puer, puant, ... je pue. . . . . . ,

Ce verbe n'est usité qu'à l'infinitif, au présent de l'indicatif : *Je pue, tu pues, il pue, nous puons, vous puez, ils puent;* à l'imparfait : *Je puais;* au futur : *Je puerai;* au conditionnel : *Je puerais;* au présent du subjonctif : *Que je pue;* et au participe présent : *Puant.*

Envoyer, envoyant, ayant envoyé, j'envoie, j'envoyai.

Futur : *J'enverrai.* Conditionnel : *J'enverrais.* Conjuguez de même **renvoyer;** mais **convoyer, dévoyer, fourvoyer, louvoyer,** font régulièrement : *Je convoierai, je dévoierai,* etc.

DEUXIÈME CONJUGAISON.

Acquérir, acquérant, ayant acquis, j'acquiers, j'acquis.

Indicatif présent : *J'acquiers, tu acquiers, il acquiert, nous acquérons, vous acquérez, ils acquièrent.* Futur : *J'acquerrai.* Présent du subjonctif : *Que j'acquière, que tu acquières, qu'il acquière, que nous acquérions , que vous acquériez, qu'ils acquièrent.* Le reste est régulier. Conjuguez de même **conquérir, reconquérir, s'enquérir** et **requérir.**

Bouillir, bouillant, ayant bouilli, je bous, je bouillis.

Indicatif présent : *Je bous, tu bous, il bout, nous*

bouillons, vous bouillez, ils bouillent. Imparfait : *Je bouillais.* Impératif : *Bous.* Subjonctif présent : *Que je bouille.*

Courir, courant, ayant couru, je cours, je courus.

Futur : *Je courrai.* Conditionnel : *Je courrais.* Conjuguez de même **accourir, concourir, parcourir,** etc. Dans les temps composés, *accourir* prend *avoir* ou *être* : *J'ai accouru* et *je suis accouru.*

Cueillir, cueillant, ayant cueilli, je cueille, je cueillis.

Indicatif présent : *Je cueille, tu cueilles, il cueille, nous cueillons, vous cueillez, ils cueillent.* Futur : *Je cueillerai.* Conditionnel : *Je cueillerais.* Conjuguez de même **accueillir, recueillir** (§ 95).

Faillir, faillant, ayant failli, je faux, je faillis.

Ce verbe n'est plus guère usité qu'au passé défini : *Je faillis,* et aux temps composés : *J'ai failli, j'avais failli,* etc.

Défaillir. Il n'est plus guère usité qu'au pluriel du présent de l'indicatif : *Nous défaillons;* à l'imparfait : *Je défaillais;* au passé : *Je défaillis, j'ai défailli;* et à l'infinitif : *Défaillir.*

Gésir (être couché, étendu). Il n'est guère usité qu'à la troisième personne du singulier et aux trois personnes du pluriel du présent de l'indicatif : *Il gît, nous gisons, vous gisez, ils gisent;* au participe présent : *Gisant;* et à l'imparfait : *Je gisais.*

Haïr, haïssant, ayant haï, je hais, je haïs.

Indicatif présent : *Je hais, tu hais, il hait, nous haïssons....* Impératif : *Hais.* Passé défini : *Je haïs,... nous haïmes, vous haïtes....* Imparfait du subjonctif :... *Qu'il haït* (§ 96).

Mourir, mourant, mort, je meurs, je mourus.

Indicatif présent : *Je meurs, tu meurs, il meurt, nous mourons, vous mourez, ils meurent.* Futur : *Je mourrai.* Conditionnel : *Je mourrais.* Subjonctif présent : *Que je meure, que tu meures, qu'il meure, que nous mourions, que vous mouriez, qu'ils meurent.* Les temps composés prennent l'auxiliaire *être.*

Ouïr (entendre). On ne se sert aujourd'hui presque jamais de ce verbe qu'à l'infinitif et aux temps formés du participe passé, *ayant ouï.* Passé défini : *J'ouïs.*

Ouvrir, ouvrant, ayant ouvert, j'ouvre, j'ouvris.

Indicatif présent : *J'ouvre, tu ouvres, il ouvre, nous ouvrons, vous ouvrez, ils ouvrent.* Futur : *J'ouvrirai.* Conditionnel : *J'ouvrirais.* Conjuguez de même **couvrir, entr'ouvrir, rouvrir, offrir, souffrir** (§ 94).

Quérir (aller chercher, venir prendre). Ce verbe ne s'emploie qu'au présent de l'infinitif.

Saillir (jaillir), saillissant, ayant sailli, je saillis, je saillis.

Ce verbe ne s'emploie guère qu'au présent de l'infinitif et à la troisième personne de quelques temps.

Saillir (être en saillie, en relief).

Indicatif présent : *Il saille.* Imparfait : *Il saillait.* Futur : *Il saillira.* Conditionnel : *Il saillirait.*

Assaillir, assaillant, ayant assailli, j'assaille, j'assaillis.

Indicatif présent : *J'assaille, tu assailles, il assaille, nous assaillons, vous assaillez, ils assaillent.* Imparfait : *J'assaillais.* Futur : *J'assaillirai.* Conditionnel : *J'assaillirais.* Subjonctif présent : *Que j'assaille.* Conjuguez de même **tressaillir.**

Tenir, tenant, ayant tenu, je tiens, je tins.

On double la lettre **n** *devant un* **e** *muet* (§ 39).

Indicatif présent : *Je tiens, tu tiens, il tient, nous tenons, vous tenez, ils tiennent.* Passé défini : *Je tins, tu tins, il tint, nous tinmes, vous tîntes, ils tinrent.* Futur : *Je tiendrai.* Conditionnel : *Je tiendrais.* Subjonctif présent : *Que je tienne, que tu tiennes, qu'il tienne, que nous tenions, que vous teniez, qu'ils tiennent.* Conjuguez de même **s'abstenir, détenir, obtenir,** etc.

Venir, venant, venu, je viens, je vins.

Il se conjugue comme *tenir ;* mais les temps composés prennent l'auxiliaire *être.* Conjuguez de même **convenir, circonvenir, parvenir, prévenir,** etc.

(*Circonvenir, prévenir,* sont actifs et prennent l'auxiliaire *avoir.*)

Vêtir, vêtant, ayant vêtu, je vêts, je vêtis.

Indicatif présent : *Je vêts, tu vêts, il vêt.* Futur : *Je vêtirai.* Subjonctif présent : *Que je vête.* Conjuguez de même **revêtir..**

TROISIÈME CONJUGAISON.

Asseoir, asseyant *ou* assoyant, ayant assis, j'assieds *ou* j'assois, j'assis.

Indicatif présent : *J'assieds, tu assieds, il assied,* *nous asseyons, vous asseyez, ils asseyent ;* ou *j'assois, tu assois, il assoit, nous assoyons, vous assoyez, ils assoient.* Futur : *J'assiérai,* ou *j'asseyerai,* ou *j'assoirai.* Conditionnel : *J'assiérais,* ou *j'asseyerais,* ou *j'assoirais.* Subjonctif présent : *Que j'asseye,* ou *que j'assoie.*

Choir (tomber). Il n'est usité qu'au présent de l'infinitif.

Déchoir,....., déchu, je déchois, je déchus.

Point de participe présent, d'imparfait de l'indicatif, ni d'impératif. Les autres temps se conjuguent ainsi : Indicatif présent : *Je déchois, tu déchois, il déchoit, nous déchoyons, vous déchoyez, ils déchoient.* Passé défini : *Je déchus.* Futur : *Je décherrai.* Conditionnel : *Je décherrais.* Subjonctif présent : *Que je déchoie, que tu déchoies, qu'il déchoie, que nous déchoyions, que vous déchoyiez, qu'ils déchoient.* Imparfait : *Que je déchusse.* Les temps composés prennent *avoir* ou *être.*

Echoir, échéant, échu, il échoit, il échut.

Au présent de l'indicatif, il n'est guère usité qu'à la troisième personne du singulier, *il échoit,* qu'on prononce et qu'on écrit même quelquefois, *il échet.* Passé défini : *J'échus.* Futur : *J'écherrai.* Conditionnel : *J'écherrais.* Pas de présent du subjonctif. Imparfait du subjonctif : *Que j'échusse.* Les temps composés prennent l'auxiliaire *être.*

Mouvoir, mouvant, ayant mû, je meus, je mus.

Indicatif présent : *Je meus, tu meus, il meut, nous mouvons, vous mouvez, ils meuvent.* Futur : *Je mouvrai.* Impératif : *Meus, mouvons, mouvez.* Subjonctif présent : *Que je meuve, que tu meuves, qu'il meuve, que nous mouvions, que vous mouviez, qu'ils meuvent.* Conjuguez de même **émouvoir.** Participe passé : *Ayant ému.* **Promouvoir** ne s'emploie qu'au participe passé, *promu,* et aux temps composés.

Pouvoir, pouvant, ayant pu, je peux ou je puis, je pus.

Indicatif présent : *Je peux* ou *je puis, tu peux, il peut, nous pouvons, vous pouvez, ils peuvent.* Futur : *Je pourrai.* Conditionnel : *Je pourrais.* Subjonctif présent : *Que je puisse, que tu puisses, qu'il puisse, que nous puissions, que vous puissiez, qu'ils puissent.* Point d'impératif.

Ravoir. Il n'est usité qu'au présent de l'infinitif.

Savoir, sachant, ayant su, je sais, je sus.

Indicatif présent : *Je sais, tu sais, il sait, nous savons, vous savez, ils savent.* Imparfait : *Je savais.* Futur : *Je saurai.* Conditionnel : *Je saurais.* Impératif : *Sache, sachons, sachez.*

Seoir (être convenable). Il n'est plus d'usage à l'infinitif, et ne s'emploie qu'aux troisièmes personnes des temps suivants. Indicatif présent : *Il sied, ils siéent.* Imparfait : *Il seyait, ils seyaient.* Futur : *Il siéra, ils siéront.* Conditionnel : *Il siérait, ils siéraient.* Participe présent : *Seyant.*

Surseoir, sursoyant, ayant sursis, je surseois, je sursis.

Indicatif présent : *Je surseois.* Futur : *Je surseoirai.* Pas d'impératif ni de présent du subjonctif.

Valoir, valant, ayant valu, je vaux, je valus.

Indicatif présent : *Je vaux, tu vaux, il vaut, nous valons, vous valez, ils valent.* Futur : *Je vaudrai.* Conditionnel : *Je vaudrais.* Impératif : *Vaux, valons, valez.* Subjonctif présent : *Que je vaille, que tu vailles, qu'il vaille, que nous valions, que vous valiez, qu'ils vaillent.* Conjuguez de même **équivaloir, revaloir, prévaloir.** Mais ce dernier fait au subjonctif, régulièrement : *Que je prévale.*

Voir, voyant, ayant vu, je vois, je vis.

Indicatif présent : *Je vois, tu vois, il voit, nous voyons, vous voyez, ils voient.* Futur : *Je verrai.* Conditionnel : *Je verrais.* Subjonctif présent : *Que je voie, que tu voies, qu'il voie, que nous voyions, que vous voyiez, qu'ils voient.* Conjuguez de même **entrevoir, revoir, prévoir, pourvoir.** Mais *prévoir* fait au futur : *Je prévoirai;* et au conditionnel : *Je prévoirais. Pourvoir* fait au passé défini : *Je pourvus;* au futur : *Je pourvoirai;* et au conditionnel : *Je pourvoirais.*

Vouloir, voulant, ayant voulu, je veux, je voulus.

Indicatif présent : *Je veux, tu veux, il veut, nous voulons, vous voulez, ils veulent.* Futur : *Je voudrai.* Conditionnel : *Je voudrais.* Impératif : *Veuillez.* Subjonctif présent : *Que je veuille, que tu veuilles, qu'il veuille, que nous voulions, que vous vouliez, qu'ils veuillent.*

QUATRIÈME CONJUGAISON.

Absoudre, absolvant, ayant absous, *fém.* te, j'absous. . . .

Indicatif présent : *J'absous, tu absous, il absout, nous absolvons, vous absolvez, ils absolvent.* Imparfait : *J'absolvais.* Pas de passé défini. Futur : *J'absoudrai.* Conditionnel : *J'absoudrais.* Impératif : *Absous, absolvons, absolvez.* Subjonctif présent : *Que j'absolve.* Pas d'imparfait du subjonctif. **Dissoudre** se conjugue de même. **Résoudre** a le passé défini : *Je résolus.* Il fait au participe : *Ayant résolu.*

Accroire n'est guère employé qu'à l'infinitif.

Boire, buvant, ayant bu, je bois, je bus.

Présent de l'indicatif : *Je bois, tu bois, il boit, nous buvons, vous buvez, ils boivent.* Présent du subjonctif : *Que je boive, que tu boives, qu'il boive, que nous buvions, que vous buviez, qu'ils boivent.*

Braire n'est guère employé qu'à l'infinitif et aux

troisièmes personnes du présent de l'indicatif : *Il brait, ils braient;* du futur : *Il braira, ils brairont;* et du conditionnel : *Il brairait, ils brairaient.*

Bruire n'est usité qu'à l'infinitif et à la troisième personne du singulier du présent de l'indicatif: *Il bruit;* et aux troisièmes personnes de l'imparfait : *Il bruyait, ils bruyaient. Bruyant* n'est point participe, mais adjectif.

Clore. Indicatif présent : *Je clos, tu clos, il clôt.* Point de pluriel. Futur : *Je clorai.* Conditionnel : *Je clorais.* Participe passé : *Ayant clos.* Les autres temps simples manquent; tous les temps composés sont usités. Conjuguez de même **enclore.**

Croître, croissant, ayant crû, je crois, je crûs.

Indicatif présent : *Je crois, tu crois, il croît, nous croissons, ...* Passé défini : *Je crûs, tu crûs, il crût, nous crûmes, vous crûtes, ils crûrent.* Impératif : *Crois.* Imparfait du subjonctif : *Que je crusse.* Conjuguez de même **accroître, décroître.** Participe passé actif : *Ayant accru, ayant décru.*

Dire, disant, ayant dit, je dis, je dis.

Présent de l'indicatif : *Je dis, tu dis, il dit, nous disons, vous dites, ils disent.* Le reste est régulier. Ses composés, excepté **redire,** sont réguliers, même à cette personne : *Vous contredisez, vous dédisez.* **Maudire** fait : *Nous maudissons, vous maudissez.*

Eclore n'est usité qu'à l'infinitif et aux troisièmes personnes des temps suivants : Indicatif présent : *Il éclôt, ils éclosent.* Futur : *Il éclóra, ils éclóront.* Conditionnel : *Il éclôrait, ils éclôraient.* Subjonctif présent : *Qu'il éclose, qu'ils éclosent.* Point de participe présent. Participe : *Eclos, Eclose.* Les temps composés pren-

3.

nent l'auxiliaire *être;* ils sont tous usités, mais seulement aux troisièmes personnes.

Faire, faisant, ayant fait, je fais, je fis.

Indicatif présent : *Je fais, tu fais, il fait, nous faisons, vous faites, ils font.* Futur : *Je ferai.* Conditionnel : *Je ferais.* Impératif : *Fais, faisons, faites.* Subjonctif présent : *Que je fasse.* Conjuguez de même **contrefaire, défaire, refaire, satisfaire, surfaire.**

Forfaire n'est usité qu'à l'infinitif et aux temps composés, qui prennent *avoir.*

Frire n'est usité qu'au singulier du présent de l'indicatif : *Je fris, tu fris, il frit;* au futur : *Je frirai;* au conditionnel : *Je frirais;* à la deuxième personne du singulier de l'impératif : *Fris;* et aux temps composés du participe : *Frit, frite.* On emploie presque toujours ce verbe avec *faire : Je fais frire.*

Luire, luisant, ayant lui, je luis. . . . .

Le passé défini, l'impératif et l'imparfait du subjonctif manquent. Indicatif présent : *Je luis, tu luis, il luit, nous luisons, vous luisez, ils luisent.* Imparfait : *Je luisais.* Futur : *Je luirai.* Conditionnel : *Je luirais.* Subjonctif présent : *Que je luise.* **Reluire** et **entre-luire** ne sont guère usités qu'à l'infinitif.

Naître, naissant, né, je nais, je naquis.

Son composé **renaître** ne s'emploie pas aux temps composés.

Occire (tuer) n'est usité qu'à l'infinitif, au participe passé : *Ayant occis,* et aux temps composés.

Paître, paissant. . . . , ., je pais. . . . .

Il n'a ni passé défini, ni imparfait du subjonctif, ni temps composés. Son composé **repaître,** n'est point défectif. Participe passé : *Ayant repu*. Passé défini : *Je repus*.

Poindre (commencer à paraître, en parlant du jour) ne s'emploie qu'à l'infinitif et à la troisième personne du futur : *Il poindra*.

Prendre, prenant, ayant pris, je prends, je pris. (On double la consonne **n** devant un **e** muet). (§ 39). Conjuguez de même **comprendre, surprendre,** etc.

Traire, trayant, ayant trait, je trais. . . . . . Le passé défini et l'imparfait du subjonctif manquent. Indicatif présent : *Je trais, tu trais, il trait, nous trayons, vous trayez, ils traient.* Imparfait : *Je trayais.* Futur : *Je trairai.* Conditionnel : *Je trairais.* Impératif : *Trais, trayons, trayez.* Subjonctif présent : *Que je traie.* **Abstraire, distraire, extraire, soustraire,** se conjuguent de même. **Attraire** ne s'emploie qu'au présent de l'infinitif.

DU SUJET.

114. On appelle *sujet* du verbe ce qui est ou ce qui fait la chose qu'exprime le verbe.

On trouve le sujet en mettant *qui est-ce qui?* devant le verbe. La réponse à cette question indique le sujet. Quand je dis : *L'enfant est sage :* **Qui est-ce qui** *est sage?* Réponse : *L'enfant;* voilà le sujet du verbe *est. Le lièvre court.* **Qui est-ce qui** *court?* Réponse : *Le lièvre;* voilà le sujet du verbe *court.*

DU RÉGIME.

115. On appelle *régime* tout mot qui dépend d'un autre mot. Un mot peut dépendre d'un autre de deux manières : sans le secours d'un autre mot, c'est-à-dire, *directement;* ou bien au moyen d'un autre mot, c'est-à-dire, *indirectement.* Il y a donc deux sortes de régimes, le régime *direct* et le régime *indirect.*

Le régime direct est celui qui est joint au verbe dont il dépend sans le secours d'un autre mot.

Le régime indirect est celui qui est joint au verbe à l'aide d'un des mots *à, de.*

VERBES ACTIFS.

116. Le verbe *actif* est celui qui exprime une action faite par le sujet et qui a un régime direct. Quand je dis : *Le chat mange la souris,* **manger** est un verbe actif parce qu'il a pour sujet *le chat,* qui fait l'action, et pour régime direct *la souris.*

117. On reconnaît qu'un verbe est actif, quand on peut mettre *quelqu'un* ou *quelque chose* après le présent de l'indicatif : *aimer, finir,* sont des verbes actifs, parce qu'on peut dire : *J'aime quelqu'un, je finis quelque chose.*

118. On trouve le régime direct d'un verbe actif, en faisant la question *qui?* ou *quoi?* après le verbe. *J'aime Dieu.* J'aime *qui?* Réponse : *Dieu. Dieu* est le régime direct du verbe *j'aime. Nous étudions la grammaire.* Nous étudions *quoi?* Réponse : *La grammaire. La grammaire* est le régime direct du verbe *nous étudions.*

119. Certains verbes actifs ont à la fois un régime direct et un régime indirect. On trouve le régime indirect en faisant après le verbe actif l'une des questions *à qui? à quoi? de qui? de quoi? Je donne une image à l'enfant.* Je donne *à qui?* Réponse : *A l'enfant. A l'enfant* est le régime indirect du verbe *je donne.*

J'accuse l'enfant **de** *mensonge*. J'accuse *de quoi?* Réponse : *De mensonge*. *De mensonge* est le régime indirect du verbe *j'accuse*.

120. Il ne faut pas confondre les régimes avec le *complément*. Le complément se joint au verbe pour marquer quelque circonstance particulière , et sert à en préciser, à en déterminer la signification, mais il n'en dépend pas. Il peut se joindre à toute espèce de verbes.

> Je donne une image à l'enfant *pour récompense*.
> *Par son courage*, il a délivré cette personne du danger.
> J'ai traité *malgré moi* cet enfant *avec rigueur*.
> J'ai habité *dix ans* cette maison.

Pour récompense, par son courage, malgré moi, avec rigueur, dix ans, sont les compléments des verbes *donner, délivrer, traiter, habiter.*

Remarques. I. Quelquefois le régime direct est précédé des mots *de, des* (§ 56, Rem.); pour ne pas le confondre avec le régime indirect marqué également par *de* ou *des*, il suffit de faire la question *qui* ou *quoi* après le verbe : *J'ai reçu* **des** *compliments* **de** *mes amis*. J'ai reçu *quoi? des compliments*, régime direct; j'ai reçu *de qui? de mes amis*, régime indirect. *Cette action a obtenu* **de** *grands éloges* **des** *hommes les plus vertueux*. Cette action a obtenu *quoi? de grands éloges*, régime direct; elle a obtenu *de qui? des hommes les plus vertueux*, régime indirect.

II. *Me, te, se, nous, vous,* sont tantôt régimes directs et tantôt régimes indirects, selon qu'on les emploie pour *moi, toi, lui, eux, nous, vous,* ou pour *à moi, à toi, à lui,* etc.

VERBES PASSIFS.

121. On appelle verbe *passif* tout verbe qui exprime une action soufferte, reçue par le sujet. Quand je dis : *La souris est mangée par le chat*, l'action est soufferte par le sujet *la souris;* le verbe est donc employé au passif.

122. Tout verbe actif a un passif. Ce passif se forme en prenant le régime direct de l'actif pour en faire le sujet du verbe passif, et en ajoutant après le verbe les mots *par* ou *de : J'aime mon père tendrement;* passif : *Mon père est tendrement aimé* **de** moi.

123. Il n'y a qu'une conjugaison pour tous les verbes passifs : elle se fait avec l'auxiliaire *être* dans tous ses temps et le *participe présent passif* du verbe qu'on veut conjuguer.

———

124.   CONJUGAISON DES VERBES PASSIFS.

INDICATIF.

PRÉSENT.

Je suis aimé *ou* aimée.
Tu es aimé *ou* aimée.
Il est aimé *ou* elle est aimée.
Nous sommes aimés *ou* aimées.
Vous êtes aimés *ou* aimées.
Ils sont aimés *ou* elles sont aimées.

IMPARFAIT.

J'étais aimé *ou* aimée, etc.

PASSÉ DÉFINI.

Je fus aimé *ou* aimée, etc.

PASSÉ INDÉFINI.

J'ai été aimé *ou* aimée, etc.

PASSÉ ANTÉRIEUR.

J'eus été aimé *ou* aimée, etc.

PLUS-QUE-PARFAIT.

J'avais été aimé *ou* aimée, etc.

FUTUR.

Je serai aimé *ou* aimée, etc.

FUTUR PASSÉ.

J'aurai été aimé *ou* aimée, etc.

CONDITIONNEL.

PRÉSENT.

Je serais aimé *ou* aimée, etc.

PASSÉ.

J'aurais été aimé *ou* aimée, etc.
On dit aussi :
J'eusse été aimé *ou* aimée, etc.

IMPÉRATIF.

Sois aimé *ou* aimée, etc.

SUBJONCTIF.	INFINITIF.

PRÉSENT.	**PRÉSENT.**
Que je sois aimé *ou* aimée, etc.	Être aimé *ou* aimée.
IMPARFAIT.	**PASSÉ.**
Que je fusse aimé *ou* aimée, etc.	Avoir-été aimé *ou* aimée.
PASSÉ.	**PARTICIPES.**
Que j'aie été aimé *ou* aimée, etc.	**PRÉSENT.**
PLUS-QUE-PARFAIT.	Aimé *ou* aimée, étant aimé *ou* aimée.
Que j'eusse été aimé *ou* aimée, etc.	**PASSÉ.**
	Ayant été aimé *ou* aimée.

Ainsi se conjuguent *être fini, être reçu, être rendu,* **etc.**

RÉGIME DES VERBES PASSIFS.

125. On met *de* ou *par* devant le nom ou pronom qui suit le verbe passif.

Un enfant sage est aimé **de** *ses parents.*
La souris est mangée **par** *le chat.*

Remarque. En général, on emploie *de*, quand il s'agit d'un sentiment, d'une passion, en un mot, d'une opération de l'âme : *Les élèves studieux sont chéris* **de** *leurs maîtres.*

On emploie *par*, lorsqu'il s'agit d'une action à laquelle l'esprit ou le corps a seul part : *Les élèves indociles sont punis* **par** *leurs maîtres.*

VERBES NEUTRES.

126. On appelle verbes *neutres* les verbes qui ne peuvent point avoir de régime direct. On reconnaît qu'un verbe est neutre, quand on ne peut pas mettre *quelqu'un* ou *quelque chose* après le présent de l'indicatif : ainsi, *nuire, languir,* sont des verbes neutres, parce qu'on ne peut pas dire : *Je nuis quelqu'un, je languis quelque chose.*

127. Il y a deux sortes de verbes neutres.

1° Les uns expriment, comme le verbe actif, une action faite par le sujet ; mais ils en diffèrent en ce qu'ils n'ont pas de régime direct et ont seulement un régime indirect, comme **Tu** *nuis* **à** *quelqu'un ; je profite* **de** *quelque chose.*

2° Les autres expriment l'action ou l'état du sujet, mais ils n'ont pas de régime indirect : *J'agis, je marche, je dors, je languis.*

REMARQUE. Les verbes de cette seconde sorte peuvent avoir, comme les autres, un complément (§ 120) : *Je marche* **sur un terrain glissant;** *j'ai langui* **deux ans dans une prison;** *il dort* **d'un profond sommeil.**

128. La plupart des verbes neutres se conjuguent, dans les temps composés, comme les verbes actifs, avec l'auxiliaire *avoir : Je dors,* **j'ai** *dormi,* **j'avais** *dormi,* **j'aurais** *dormi,* etc.

Mais il y a des verbes neutres qui se conjuguent dans leurs temps composés avec l'auxiliaire *être,* comme *Venir, arriver, tomber,* etc.

129. CONJUGAISON DES VERBES NEUTRES.

INDICATIF.	IMPARFAIT.
PRÉSENT.	
Je tombe.	Je tombais.
Tu tombes.	Tu tombais.
Il tombe.	Il tombait.
Nous tombons.	Nous tombions.
Vous tombez.	Vous tombiez.
Ils tombent.	Ils tombaient.

PASSÉ DÉFINI.

Je tombai.
Tu tombas.
Il tomba.
Nous tombâmes.
Vous tombâtes.
Ils tombèrent.

PASSÉ INDÉFINI.

Je suis tombé *ou* tombée.
Tu es tombé *ou* tombée.
Il est tombé *ou* elle est tombée.
Nous sommes tombés *ou* tombées.
Vous êtes tombés *ou* tombées.
Ils sont tombés *ou* elles sont tombées.

PASSÉ ANTÉRIEUR.

Je fus tombé *ou* tombée.
Tu fus tombé *ou* tombée.
Il fut tombé *ou* elle fut tombée.
Nous fûmes tombés *ou* tombées.
Vous fûtes tombés *ou* tombées.
Ils furent tombés *ou* elles furent tombées.

PLUS-QUE-PARFAIT.

J'étais tombé *ou* tombée.
Tu étais tombé *ou* tombée.
Il était tombé *ou* elle était tombée.
Nous étions tombés *ou* tombées.
Vous étiez tombés *ou* tombées.
Ils étaient tombés *ou* elles étaient tombées.

FUTUR.

Je tomberai.
Tu tomberas.
Il tombera.
Nous tomberons.
Vous tomberez.
Ils tomberont.

FUTUR PASSÉ.

Je serai tombé *ou* tombée.
Tu seras tombé *ou* tombée.
Il sera tombé *ou* elle sera tombée.
Nous serons tombés *ou* tombées.
Vous serez tombés *ou* tombées.
Ils seront tombés *ou* elles seront tombées.

CONDITIONNEL.

PRÉSENT.

Je tomberais.
Tu tomberais.
Il tomberait.
Nous tomberions.
Vous tomberiez.
Ils tomberaient.

PASSÉ.

Je serais tombé *ou* tombée.
Tu serais tombé *ou* tombée.
Il serait tombé *ou* elle serait tombée.
Nous serions tombés *ou* tombées.
Vous seriez tombés *ou* tombées.
Ils seraient tombés *ou* elles seraient tombées.

On dit aussi : *Je fusse tombé* ou *tombée, tu fusses tombé* ou *tombée, il fût tombé* ou *elle fût tombée, nous fussions tombés* ou *tombées, vous fussiez tombés* ou *tombées, ils fussent tombés* ou *elles fussent tombées.*

IMPÉRATIF.

Sing. . . . .
　　　Tombe.

. . . .
Plur. Tombons.
　　　Tombez.

. . . .

SUBJONCTIF.

PRÉSENT.

Que je tombe.
Que tu tombes.
*Qu'*il tombe.
Que nous tombions.
Que vous tombiez.
*Qu'*ils tombent.

IMPARFAIT.

Que je tombasse.
Que tu tombasses.
*Qu'*il tombât.
Que nous tombassions.
Que vous tombassiez.
*Qu'*ils tombassent.

PASSÉ.

Que je sois tombé *ou* tombée.
Que tu sois tombé *ou* tombée.
*Qu'*il soit tombé *ou* qu'elle soit tombée.
Que nous soyons tombés *ou* tombées.
Que vous soyez tombés *ou* tombées.
*Qu'*ils soient tombés *ou* qu'elles soient tombées.

PLUS-QUE-PARFAIT.

Que je fusse tombé *ou* tombée.
Que tu fusses tombé *ou* tombée.
*Qu'*il fût tombé *ou* qu'elle fût tombée.
Que nous fussions tombés *ou* tombées.
Que vous fussiez tombés *ou* tombées.
*Qu'*ils fussent tombés *ou* qu'elles fussent tombées.

INFINITIF.

PRÉSENT.

Tomber.

PASSÉ.

Être tombé *ou* tombée.

PARTICIPES.

PRÉSENT.

Tombant.

PASSÉ.

Tombé *ou* tombée, étant tombé *ou* tombée.

Ainsi se conjuguent *aller, sortir, mourir, descendre, venir* et ses composés *devenir, survenir, revenir*, etc.

OBSERVATIONS

sur les verbes conjugués interrogativement.

130. Les verbes ne peuvent s'employer interrogativement qu'aux temps de l'indicatif et du conditionnel.

Pour conjuguer interrogativement, on met le pronom sujet après le verbe dans les temps simples et après l'auxiliaire dans les temps composés, en le joignant à l'un ou à l'autre par un trait d'union : *Ai-je? aimerai-je? finiras-tu? avons-nous-reçu? auraient-ils rendu?*

REMARQUE. Quand la première personne finit par un *e* muet, on le change en *e* fermé, en y ajoutant un accent aigu : *Aimé-je? chanté-je?* On dit de même : *Eussé-je? dussé-je? fussé-je? puissé-je?*

131. Quand le verbe qui précède *il, elle, on,* se termine par une voyelle, on ajoute devant ces pronoms la consonne *t* que l'on place entre deux traits d'union : *Appelle-t-il? viendra-t-elle? aime-t-on les paresseux?*

132. Pour éviter un son désagréable, quand le verbe n'a qu'une syllabe à la première personne, on prend la tournure suivante : *Est-ce que je cours? est-ce que je rends?* au lieu de *Cours-je? rends-je?*

On fait de même pour presque tous les verbes dont la première personne se termine par plusieurs consonnes. On ne dirait pas : *Répands-je? interromps-je?*

Cependant l'usage admet : *Ai-je? dis-je? dois-je? fais-je? puis-je? sais je? suis-je? vais-je? vois-je? fis-je? vis-je?*

133. **CONJUGAISON INTERROGATIVE**

INDICATIF.
PRÉSENT.
Aimé-je ?
Aimes-tu ?
Aime-t-il ?
Aimons-nous ?
Aimez-vous ?
Aiment-ils ?

IMPARFAIT.
Aimais-je? etc.

PASSÉ DÉFINI.
Aimai-je? etc.

PASSÉ INDÉFINI.
Ai-je aimé? etc.

PASSÉ ANTÉRIEUR.
Eus-je aimé? etc.

PLUS-QUE-PARFAIT.
Avais-je aimé ? etc.

FUTUR.
Aimerai-je? etc.

FUTUR PASSÉ.
Aurai-je aimé? etc.

CONDITIONNEL.
PRÉSENT.
Aimerais-je? etc.

PASSÉ.
Aurais-je aimé? etc.
On dit aussi :
Eussé-je aimé? etc.

VERBES PRONOMINAUX.

134. On appelle verbes *pronominaux* (1) les verbes qui se conjuguent avec deux pronoms qui représentent la même personne et dont le premier est sujet et le second régime, comme *Je me flatte, tu te loues, il se blesse*, etc.,

Les verbes pronominaux se conjuguent comme le verbe *tomber*, c'est-à-dire qu'ils prennent l'auxiliaire *être* aux temps composés.

135. CONJUGAISON DES VERBES PRONOMINAUX.

INDICATIF.

PRÉSENT.

Je me repens.
Tu te repens.
Il se repent.
Nous nous repentons.
Vous vous repentez.
Ils se repentent.

IMPARFAIT.

Je me repentais, etc.

PASSÉ DÉFINI.

Je me repentis, etc.

PASSÉ INDÉFINI.

Je me suis repenti *ou* repentie, etc.

PASSÉ ANTÉRIEUR.

Je me fus repenti *ou* repentie, etc.

PLUS-QUE-PARFAIT.

Je m'étais repenti *ou* repentie, etc.

FUTUR.

Je me repentirai, etc.

FUTUR PASSÉ.

Je me serai repenti *ou* repentie, etc.

CONDITIONNEL.

PRÉSENT.

Je me repentirais, etc.

PASSÉ.

Je me serais repenti *ou* repentie, etc.

On dit aussi :

Je me fusse repenti *ou* repentie, etc.

IMPÉRATIF.

Sing. . . . .
     Repens-toi.
. . . .
Plur. Repentons-nous.
     Repentez-vous.
. . . .

---

(1) Sens réfléchi : *Je me blesse.*
. . . . . passif : *Le fer s'use par le frottement.*
. . . . . réciproque : *Nous nous écrivons tous les mois.*

SUBJONCTIF.	INFINITIF.
PRÉSENT.	**PRÉSENT.**
Que je me repente, etc.	Se repentir.
IMPARFAIT.	**PASSÉ.**
Que je me repentisse, etc.	S'être repenti *ou* repentie.
PASSÉ.	**PARTICIPES.**
Que je me sois repenti *ou* repentie, etc.	**PRÉSENT.**
PLUS-QUE-PARFAIT.	Se repentant.
Que je me fusse repenti *ou* repentie, etc.	**PASSÉ.**
	S'étant repenti *ou* repentie.

Ainsi se conjuguent *s'emparer, s'apercevoir, se plaindre,* etc.

REMARQUES. I. Les pronoms *me, te, se, nous,* **vous,** qui sont régimes des verbes pronominaux, sont quelquefois régimes directs et quelquefois régimes indirects, selon qu'on les emploie pour *moi, toi, soi, nous, vous,* ou pour *à moi, à toi, à soi, à nous, à vous* : *Je* **me** *flatte,* c'est-à-dire, *je flatte* **moi.** *Tu* **te** *blesseras,* c'est-à-dire, *tu blesseras* **toi;** *me, te,* sont ici régimes directs. *Je* **me** *fais une loi,* c'est-à-dire, *je fais une loi à* **moi.** *Il* **s'**est fait honneur, c'est-à-dire, *il a fait honneur à* **soi;** *me, se,* sont ici régimes indirects.

II. On appelle verbes *essentiellement* pronominaux ceux qui ne peuvent pas se conjuguer sans deux pronoms de la même personne, comme *Je me repens, je m'abstiens.* Dans ces verbes, le second pronom est toujours régime direct. Il faut en excepter toutefois le verbe *s'arroger,* où le second pronom est régime indirect : *Ils se sont arrogé ce privilége.*

III. On appelle verbes *accidentellement* pronominaux certains verbes actifs ou neutres qui ne se conjuguent pas toujours avec deux pronoms de la même personne, comme *Je me plains, tu te nuis.* On dit également : *Je plains les malheureux; tu nuis à ton pays.*

136. Dans les verbes accidentellement pronominaux le second pronom est tantôt régime direct, tantôt régime indirect . *Ils se sont rendus au vainqueur*, c'est-à-dire, *ils ont rendu eux; ils se sont rendu justice*, c'est-à-dire, *ils ont rendu justice à eux*, etc.

136 bis. Dans les verbes accidentellement pronominaux quelques-uns ont un sens tout différent de celui qu'ils avaient auparavant, comme *S'apercevoir, s'attendre, se louer, se servir*, etc.

VERBES IMPERSONNELS.

137. On appelle verbes *impersonnels* ceux qui ne s'emploient dans tous les temps qu'à la troisième personne du singulier, comme *Il faut, il importe, il pleut*, etc. Ces verbes ont toujours pour sujets le pronom *il* qui, dans ce cas, ne représente jamais un nom précédemment exprimé.

138. Certains verbes actifs, passifs, neutres. pronominaux, peuvent être employés accidentellement comme verbes impersonnels : *Il **fait** beau, il **a été décrété** des lois ; il **est** bon de lire ; il **s'est passé** des choses curieuses ; il **arrive** souvent que*....

139. CONJUGAISON DES VERBES IMPERSONNELS.

INDICATIF.	PASSÉ ANTÉRIEUR.
PRÉSENT.	Il eut fallu.
Il faut.	PLUS-QUE-PARFAIT.
IMPARFAIT.	Il avait fallu.
Il fallait.	FUTUR.
PASSÉ DÉFINI.	Il faudra.
Il fallut.	FUTUR PASSÉ.
PASSÉ INDÉFINI.	Il aura fallu.
Il a fallu.	

CONDITIONNEL.	PASSÉ.

CONDITIONNEL.

PRÉSENT.

Il faudrait.

PASSÉ.

Il aurait fallu *ou* il eût fallu.

SUBJONCTIF.

PRÉSENT.

*Qu'*il faille.

IMPARFAIT.

*Qu'*il fallût.

PASSÉ.

*Qu'*il ait fallu.

PLUS-QUE-PARFAIT.

*Qu'*il eût fallu.

INFINITIF.

PRÉSENT.

Falloir.

PARTICIPE.

PASSÉ.

Ayant fallu.

CHAPITRE VI.

LE PARTICIPE.

140. Le *Participe* est un mot qui tient à la fois du verbe et de l'adjectif.

Il tient du verbe en ce qu'il en a la signification et le régime : *Un homme* **aimant** *Dieu; un homme* **aimé** *de Dieu.*

Il tient de l'adjectif en ce qu'il marque la qualité du nom auquel il se rapporte : *Vieillard* **honoré**; *vertu* **éprouvée.**

141. Le verbe actif et le verbe passif ont chacun deux participes, le participe *présent* et le participe *passé.*

1° Le participe présent marque une action présente.

A l'actif, il est toujours terminé en *ant*, et reste invariable : *Un homme* **lisant**, *des hommes* **lisant**; *une femme* **lisant**, *des femmes* **lisant**.

Au passif, il a diverses terminaisons : *Aimé, fini, reçu, souffert,* etc. Le participe présent passif s'accorde avec le nom ou pronom auquel il se rapporte et s'emploie le plus souvent sans l'auxiliaire : *Des enfants aimés, des filles chéries,* etc.

2° Le participe *passé* marque une action passée : *Ayant lu, ayant été lu.*

A l'actif, il ne peut s'employer sans l'auxiliaire, et ne s'accorde pas avec le nom auquel il se rapporte : *Une femme ayant lu, des femmes ayant lu.*

Au passif, il s'accorde avec le nom auquel il se rapporte : *Une lettre ayant été lue, des livres ayant été lus.*

REMARQUE. C'est le participe passé actif qui, combiné avec le verbe *être*, forme les temps du passé : *J'ai aimé* (je suis ayant aimé), *j'avais fini* (j'étais ayant fini), etc. (§ 111).

———

CHAPITRE VII.

LA PRÉPOSITION.

142. La *Préposition* est un mot invariable qui sert à joindre le nom ou pronom ou verbe suivant au mot qui la précède. Quand je dis · *Le fruit de l'arbre, le temps de lire, de* marque le rapport qu'il y a entre *fruit* et *arbre, temps* et *lire.* Quand je dis : *Cela est utile à l'homme, cela donne à penser, à* sert à lier le nom *homme* à l'adjectif *utile* et le verbe *penser* au verbe *donner.*

Cette espèce de mot s'appelle préposition., parce qu'elle se met immédiatement avant le mot qu'elle régit.

143. TABLEAU DES DIFFÉRENTES PRÉPOSITIONS.

I. Pour marquer la *place* ou le *lieu :*
A, après, chez, dans, de, derrière, devant, en, parmi, sous, sur, vers.

II. Pour marquer l'*ordre* :
Avant, depuis, dès, entre.
III. Pour marquer l'*union* :
Avec, durant, outre, pendant, selon, suivant.
IV. Pour marquer la *séparation* :
Excepté, hors, sans.
V. Pour marquer l'*opposition* :
Contre, malgré, nonobstant.
VI. Pour marquer le *but* :
Envers, pour, touchant.
VII. Pour marquer la *cause,* le *moyen* :
Attendu, moyennant, par.

Remarques. I. Les prépositions *à, de,* forment avec leur régime le régime indirect du verbe (§ 115) : *Je donne une image* **à l'enfant;** *j'accuse l'enfant* **de mensonge.**

Les autres prépositions forment avec leur régime ce qu'on appelle complément : *Je donne une image à l'enfant* **pour récompense** (§ 120).

II. *Attendu, vu, concernant, durant, excepté, suivant, supposé, touchant,* sont des participes qui, devant un nom, s'emploient comme prépositions, et sont alors invariables : placés après le nom, ils cessent d'être prépositions et suivent les règles d'accord du participe.

Il en est de même de l'adjectif *sauf,* qui s'emploie aussi comme préposition, et devient alors invariable : **Sauf** *erreur.*

III. *A,* préposition, se distingue de *a,* troisième personne du verbe *avoir,* en prenant un accent grave : *Il* **a** *mal* **à** *la tête.*

IV. La préposition *dès* prend aussi un accent grave

pour se distinguer de **des**, article contracté : **Dès**
l'origine du monde, l'ambition **des** *conquérants a bou-
leversé la terre.*

OBSERVATION. L'assemblage de certains mots tient
quelquefois lieu d'une préposition et prend le nom de
*préposition composée : Eu égard à, près de, vis-à-vis de,
à cause de, jusqu'à,* etc.

CHAPITRE VIII.

L'ADVERBE.

144. L'*Adverbe* est un mot invariable qui se joint au
verbe, à l'adjectif ou à un autre adverbe, pour en déterminer la signification. Quand on dit : *Cet enfant
parle* **distinctement;** *il est* **fort** *sage; il travaille*
presque *toujours,* l'on fait entendre par le mot *distinctement* qu'il parle d'une certaine manière et non
d'une autre, etc.

145. On distingue plusieurs sortes d'adverbes :

1° Adverbes de *manière;* ils sont presque tous terminés en *ment* et se forment des adjectifs : *Sagement,
poliment, agréablement, saintement,* etc.

2° Adverbes d'*ordre* et de *rang :*

*Premièrement, deuxièmement, d'abord, ensuite, au-
paravant,* etc. : **D'abord** *il faut éviter le mal,* **ensuite** *il faut faire le bien.*

3° Adverbes de *lieu :*

*Où, ici, là, y, deçà, delà, dessus, dessous, dedans,
dehors, auprès, loin, partout, ailleurs,* etc. : **Où** *êtes-
vous? je suis* **ici;** *je vais* **là;** *restez-***y.**

4° Adverbes de *temps :*

Hier, aujourd'hui, autrefois, bientôt, souvent, tou-

jours, jamais, etc. : *Cet enfant joue* **toujours** *et ne s'applique* **jamais.**

5° Adverbes de *quantité :*

Beaucoup, peu, assez, tant, trop, que signifiant *combien, si,* etc. : *Il parle* **beaucoup** *et réfléchit* **peu.**

6° Adverbes de *comparaison :*

Plus, moins, aussi, autant, etc. : **Plus** *sage,* **aussi** *sage,* **moins** *sage que vous.*

7° Adverbes d'*affirmation* et de *négation* :

Oui, certes, volontiers, soit, non, ne, ne pas, ne point, nullement, etc.

OBSERVATION. Il y a des adverbes qui admettent, comme les adjectifs, les trois degrés de signification : *Prudemment, plus prudemment, très-prudemment,* ou *le plus prudemment; souvent, plus souvent, très-souvent,* ou *le plus souvent; mal, pis* ou *plus mal, le pis* ou *le plus mal,* etc.

REMARQUES. I. Il ne faut pas confondre les adverbes *là, y,* qui signifient *en ce lieu,* avec les pronoms *la, y,* qui représentent un nom (§ 59). *Je vais* **là,** *allez-***y,** c'est-à-dire, *je vais en ce lieu, allez en ce lieu. Cette maison vous plaît, achetez-***la,** c'est-à-dire, *achetez cette maison, J'***y** *penserai,* c'est-à-dire, *je penserai à cela.*

Là, adverbe, prend d'ailleurs un accent grave, tandis que *la,* pronom, s'écrit sans accent.

II. Il ne faut pas confondre l'adverbe *en* avec *en,* pronom (§ 59), ni avec *en,* préposition (§ 143).

L'adverbe *en* signifie *de là : Vous allez à la campagne, et moi j'***en** *arrive,* c'est-à-dire, *j'arrive de là.*

Le pronom *en* tient la place d'un nom et peut se tourner par *de lui, d'elle,* etc. (§ 59, REM. I) : *J'***en** *parle,* c'est-à-dire, *je parle de lui, d'elle, de cela.*

La préposition *en* est suivie de son régime : ***Être en France; agir en homme; lire en se promenant.***

III. Les adverbes qui expriment la quantité, comme *peu, beaucoup, assez,* etc., peuvent avoir un régime marqué par la préposition *de* : ***Peu de vin; beaucoup d'eau; assez de richesses,*** etc.

IV. Quelques autres adverbes, comme *conformément, indépendamment,* etc., conservent le régime des adjectifs dont ils sont formés : ***Conformément à vos ordres; indépendamment de ces avantages.***

FORMATION DES ADVERBES EN *ment*.

146. Quand l'adjectif finit au masculin par une voyelle, on forme l'adverbe en ajoutant *ment* au masculin : ***Aisé, aisément; poli, poliment.***

L'Académie écrit avec un accent circonflexe : *Continûment, crûment, dûment, indûment, assidûment, congrûment, incongrûment, nûment, résolûment,* et *irrésolument* sans accent circonflexe.

EXCEPTIONS : 1° *Impuni* fait *impunément.*

2° L'*e* muet des adjectifs masculins *aveugle, commode, incommode, conforme, énorme, uniforme,* se change en *é* fermé. *Aveuglément, commodément,* etc.

147. Quand l'adjectif finit au masculin par une consonne, l'adverbe se forme du féminin : ***Forte, fortement; douce, doucement; vive, vivement; bonne, bonnement,*** etc.

EXCEPTIONS : 1° *Gentil* fait *gentiment.*

2° L'*e* muet du féminin des adjectifs *commun, confus, diffus, exprès, immense, importun, obscur, opiniâtre, précis, profond,* se change en *é* fermé : ***Communément, confusément,*** etc.

148. Quand l'adjectif est terminé au masculin par *ant* ou par *ent*, l'adverbe se forme en changeant **ant** en **amment** et **ent** en **emment** : *Oblige***ant**, *obligea***m-ment ;** *élégant,* **élégamment ;** *diligent,* **diligem-ment,** etc.

EXCEPTIONS : *Lent* fait *lent***ement ;** *présent, présen-***tement ;** *véhément, véhément***ement.**

149. Certains adjectifs sont quelquefois employés comme adverbes. On dit : *Chanter* **juste,** *parler* **bas,** *voir* **clair ,** *rester* **court ,** *frapper* **fort ,** *sentir* **bon,** etc.

OBSERVATION. L'assemblage de certains mots fait quelquefois l'office d'adverbe et prend le nom d'*adverbe composé;* tels sont : *En haut, en bas, au-dessus, au-dessous, à la hâte, tout à fait, sans doute, tour à tour, sur-le-champ, etc.*

CHAPITRE IX.

LA CONJONCTION.

150. La *Conjonction* est un mot invariable qui sert à lier les différentes parties de la phrase.

Il pleure **et** *il rit. Cela n'est* **ni** *bon* **ni** *beau. Je doute* **que** *l'on puisse être heureux,* **lorsqu'***on a quelque chose à se reprocher.*

Les différentes parties de ces phrases sont liées par les mots *et, ni, que, lorsque,* et ces mots sont des conjonctions.

151. TABLEAU DES DIFFÉRENTES CONJONCTIONS.

1° Pour marquer la liaison : *Et, ni; aussi, que.*

2° Pour marquer opposition : *Mais, cependant, néanmoins, pourtant.*

3° Pour marquer division : *Ou, ou bien, soit.*

4° Pour marquer exception : *Sinon, quoique.*

5° Pour comparer : *Comme, de même que, ainsi que.*

6° Pour ajouter : *De plus, d'ailleurs, outre que.*

7° Pour rendre raison : *Car, parce que, puisque, vu que.*

8° Pour marquer l'intention : *Afin que, de peur que.*

9° Pour conclure : *Or, donc, ainsi, de sorte que.*

10° Pour marquer le temps : *Quand, lorsque, comme, dès que, tandis que.*

11° Pour marquer le doute : *Si, supposé que, pourvu que, en cas que.*

Remarques. I. Il ne faut pas confondre la conjonction *ou* avec l'adverbe *où* (§ 145, 3°).

Ou, conjonction, signifie *ou bien : Je sortirai* **ou** *je resterai chez moi,* c'est-à-dire, **ou bien** *je resterai chez moi.*

Où, adverbe, signifie *dans quel lieu, en quel lieu?* et se distingue d'ailleurs en prenant un accent grave : *La maison* **où** *j'habite,* c'est-à-dire, **dans laquelle** *j'habite.* **Où** *allez-vous,* c'est-à-dire, **en quel lieu** *allez-vous?*

II. Il ne faut pas confondre la conjonction *si* avec l'adverbe *si* (§ 145, 5°).

La conjonction *si* marque une condition : **Si** *vous aimez la vertu, vous serez heureux.* Elle marque aussi le doute : *Je ne sais* **si** *cela est vrai.* Enfin elle s'emploie quelquefois pour marquer une chose certaine : **Si** *je suis triste, c'est que j'en ai sujet,* c'est-à-dire, *je ne suis triste que parce que j'en ai sujet.*

Si, adverbe, signifie *tellement, à tel point : Il est si sage, si savant qu'on le cite pour modèle.* Quelquefois il signifie *autant, aussi,* et alors il ne s'emploie qu'avec une négation : *Je ne suis pas si riche que vous.*

III. Il ne faut pas confondre la conjonction *que* avec *que,* pronom (§ 64), ni avec *que,* adverbe (§ 145, 5°).

La conjonction *que* sert à lier deux membres de phrase : *Je crois* **que** *l'âme est immortelle. Que* marque ici le rapport entre le premier membre de phrase, *je crois,* et le second, *l'âme est immortelle.*

Le pronom *que,* relatif ou interrogatif, peut se tourner par *lequel* ou *quelle chose? Le livre* **que** *vous avez lu,* c'est-à-dire, **lequel** *vous avez lu.* **Que** *dites-vous?* c'est-à-dire, **quelle chose** *dites-vous?*

Que, adverbe, signifie *combien, pourquoi?* **Que** *vous a coûté cette maison?* c'est-à-dire, **combien** *vous a coûté cette maison?* **Que** *tardez-vous?* c'est-à-dire, **pourquoi** *tardez-vous?*

Observation. L'assemblage de certains mots fait quelquefois l'office d'une conjonction et prend le nom de *conjonction composée;* telles sont : *A moins que, si ce n'est que, dès que,* etc.

CHAPITRE X.

L'INTERJECTION.

152. L'*Interjection* est un mot invariable dont on se sert pour exprimer les sentiments vifs et subits de l'âme, comme la joie, la douleur, etc.

La joie : *Ah! Bon!*

La douleur et la crainte : *Aïe! ah! eh! hélas!*

La surprise : *Ha! hé!*

L'aversion : *Fi! fi donc!*

L'admiration : *Ah! oh!*

Pour encourager : *Allons! çà! courage!*

Pour appeler : *Holà! hé!*

Pour faire taire : *Chut! paix!*

Plusieurs mots réunis par le sens et qui font l'office d'une interjection s'appellent *interjection composée,* comme : *Bon Dieu! Tout doux! Juste ciel!* etc.

SIGNES ORTHOGRAPHIQUES.

DES MAJUSCULES.

153. On doit commencer par une lettre *majuscule,* appelée aussi *grande lettre* ou *capitale* :

1° Le premier mot d'une phrase, d'un vers, d'une citation.

2° Les noms propres : *Pierre, Paris, la France, les Alpes, les Anglais, un Américain;* mais on écrit sans majuscule : *La nation française; il sait l'anglais.*

3° Les noms personnifiés : *Les trois Grâces, la sombre Envie.*

4° Les adjectifs qui entrent dans la composition d'un nom propre : *La Saint-Jean, l'église Notre-Dame, Alexandre le Grand, la mer Rouge, les Basses-Pyrénées.* Mais on écrirait : *L'apôtre saint Jean.*

5° Les termes honorifiques : *Sa Majesté, Votre Excellence.*

6° Les noms de corporation : *L'Université, l'Église, le Parlement.*

7° Le titre d'un livre, d'un chapitre : *Traité d'Algèbre; Fable des Deux Amis; De l'Orthographe.*

8° Les noms qui expriment le principal sujet du discours : *La Grammaire est l'art...*

9° Le mot *ciel*, quand il signifie *Dieu : Le Ciel est juste;* et le mot *état*, quand il signifie *nation : L'État est florissant.*

Le mot *dieu* prend une petite lettre, lorsqu'il s'agit des divinités des païens : *Le culte des faux dieux*, et quand il est précédé de l'article :*Le dieu des chrétiens.*

DE L'APOSTROPHE.

154. L'*apostrophe* (')marque le retranchement d'une des trois lettres *a, e, i* (§ 17).

A, e, suivis d'une voyelle ou d'une *h* muette, se retranchent dans *le, la, je, me, te, se, de, ne, que, ce.*

Le, on dit : *L'ami, l'enfant, l'instinct, l'oiseau, l'univers, l'honneur*, pour *le enfant*, etc.

La, on dit : *L'abeille, l'épée, l'intention, l'oisiveté*, etc., pour *la abeille, la épée*, etc.

Je, on dit : *J'apprends, j'étudie, j'honore, j'oublie*, etc., pour *je apprends*, etc.

Me, on dit : *Vous m'aimez, vous m'estimez, vous m'instruisez*, etc., pour *me aimez*, etc.

Te, on dit : *Je t'avertis, je t'ennuie, je t'invite*, etc., pour *te avertis*, etc.

Se, on dit : *Il s'amuse, il s'ennuie, il s'instruit, il s'occupe*, etc., pour *se amuse*, etc.

De, on dit : *Beaucoup d'apparence, d'ignorance, d'orgueil*, etc., pour *de apparence*, etc.

Ne, on dit : *Je n'aime pas, je n'estime pas, il n'obéit pas*, etc., pour *ne aime*, etc.

Que, on dit : *Qu'avez-vous fait? qu'importe?* etc., pour *que avez-vous fait?*

Ce, on dit : *C'est la vérité*, pour *ce est*, etc.

Quelque perd *e* devant *un* : *Quelqu'un* : au pluriel *quelques-uns*, avec un trait d'union.

Jusque perd *e* devant *à, au, aux, ici* : *Jusqu'à Paris, jusqu'au ciel, jusqu'ici.*

155. L'élision de l'article n'a pas lieu devant les mots *oui, onze, onzième, ouate* (prononcez *ouète*), *yacht, yatagan, yole.*

Le onze du mois. Le oui et le non. De la ouate. Mais on dit : *Une jupe doublée d'ouate.*

156. L'e se retranche encore dans *lorsque, puisque, quoique,* mais seulement devant *il, elle, on, un, une :* *Lorsqu'il viendra. Quoiqu'on dise, Puisqu'elle le veut.*

Mais on écrira, sans retrancher l'e *: Ce vin est bon, quoique un peu vert,* parce que le mot *un* n'est pas adjectif, mais employé comme adverbe avec *peu.*

157. La préposition *entre* ne perd l'e final que dans les mots composés, comme *entr'acte, entr'ouvrir,* etc. Mais on écrira : *Entre eux, entre autres.*

Le mot *contre* ne perd jamais l'e *: Contre-allée, contre-épreuve.*

158. *I* se repranche dans le mot *si* devant *il, ils : S'il arrive, s'ils viennent.*

159. *Oi* se retranche dans *moi, toi,* placés devant *en,* après un impératif : *Donnez-m'en; va-t'en.*

160. Le trait d'union (-) sert ordinairement à lier des mots que le sens ne permet pas de séparer : *Arc-en-ciel, moi-même, c'est-à-dire, celui-ci.*

Il se met aussi entre le verbe et les pronoms *je, moi, nous, tu, vous, il, ils, elles, le, la, les, lui, leur, y, en, ce, on,* quand ces mots sont placés après le verbe : *Irai-je? viens-tu? donnez-lui; dit-il;* etc.

S'il y a deux pronoms, tous deux régimes du verbe,

on met deux traits d'union : *Rendez-le-lui; donnez-lui-en; laisse-le-moi.*

Mais on écrit avec un seul trait d'union : *Faites-moi lui parler,* parce que *lui* est régime de *parler* et non de *faites.*

Avec un trait d'union : *Envoyez-le chercher son frère,* et sans trait d'union : *Envoyez le chercher par son frère.*

Le trait d'union se met encore entre le pronom personnel et l'adjectif *même : Moi-même; eux-mêmes.*

On met aussi le trait d'union après le mot *très : Très-sage;* devant *ci, là,* joints à certains mots dont ils ne peuvent se séparer : *Celui-ci, celui-là, là-haut, ci-dessus, ces hommes-ci, ces gens-là,* etc.

161. Le *trait de séparation* (—), un peu plus prolongé que le trait d'union, s'emploie pour indiquer le changement d'interlocuteur, en évitant la répétition de *dit-il, répondit-il.*

> Est-ce assez? dites-moi : n'y suis-je point encore?
> — Nenni. — M'y voici donc? — Point du tout. — M'y voilà?
> — Vous n'en approchez point.

162. On appelle *parenthèse* deux crochets ( ) entre lesquels on renferme quelques mots détachés :

> Je croyais, moi (jugez de ma simplicité),
> Que l'on devait rougir de la duplicité.

163. Le guillemet est un signe ressemblant à une double virgule : il se met au commencement («) et à la fin (») d'une citation, et souvent même au commencement de chacune des lignes qui la composent.

Jamais Homère ni aucun autre poète n'a égalé Isaïe, quand, peignant la majesté de Dieu, il dit : « Les royaumes ne sont à ses yeux « qu'un grain de sable; l'univers, qu'une tente qu'on dresse au- « jourd'hui et qu'on enlève demain. »

DE LA PONCTUATION.

164. Il y a sept marques pour indiquer les divisions du discours et les endroits où l'on doit s'arrêter.

I. 1° La *virgule* (,) se met après les noms, les adjectifs et les verbes qui se suivent :

La candeur, la douceur, la simplicité, sont les vertus de l'enfance. La charité est douce, patiente, bienfaisante.

Mais on ne met pas de virgule entre ces mots, quand ils sont liés par *et, ou, ni* :

Pierre et Paul jouent. Cela n'est ni beau ni bon.

2° La virgule sert encore à distinguer les différentes parties d'une phrase :

L'étude rend savant, et la réflexion rend sage.

3° On met entre deux virgules tout mot ou toute réunion de mots qu'on peut retrancher sans dénaturer le sens de la phrase :

L'Amérique fut découverte par Christophe Colomb, en 1492, sous le règne d'Isabelle.

Les courtisans, qui sont si peu sensibles, furent attendris.

Soumis avec respect à sa volonté sainte,
Je crains Dieu, cher Abner, et n'ai pas d'autre crainte.

4° La virgule s'emploie quelquefois pour remplacer le verbe qui est sous-entendu dans le second membre de la phrase.

Celui qui rend un service doit l'oublier ; celui qui le reçoit, s'en souvenir.

II. Le *point-virgule* (;) se met entre les différentes

parties d'une phrase qui sont liées par le sens, mais qui ont une certaine étendue :

La douceur est, à la vérité, une vertu ; mais elle ne doit pas dégénérer en faiblesse.

III. 1° *Les deux points* (:) se mettent après une phrase finie, mais suivie d'une autre qui sert à l'étendre ou à l'éclaircir.

Il ne se faut jamais moquer des misérables :
Car qui peut s'assurer d'être toujours heureux ?

2° Les deux points se mettent encore après une phrase qui annonce une citation :

Pythagore a dit : Mon ami est un autre moi-même.

IV. Le *point* (.) se met à la fin des phrases, quand le sens est entièrement fini :

Le mensonge est le plus bas de tous les vices.

V. Le point *interrogatif* (?) se met à la fin des phrases qui expriment une interrogation :

Quoi de plus beau que la vertu ?

VI. Le point d'*admiration* ou d'*exclamation* (!) se met après les interjections et les phrases qui expriment l'admiration :

Hélas ! que je suis malheureux !
Qu'il est glorieux de mourir pour la patrie !

VII. On appelle points *suspensifs* (.....) plusieurs points mis à la suite les uns des autres pour marquer suspension ou interruption du sens :

Dis-lui qu'avec douceur il traite sa captive ;
Qu'il lui rende... A ce mot ce héros expiré, etc.

DEUXIÈME PARTIE.

—

SYNTAXE.

165 La *Syntaxe* est l'ensemble des règles suivies pour joindre entre eux les mots d'une *phrase*, et les membres de phrase entre eux.

—

ANALYSE LOGIQUE.

166. On appelle *analyse logique* la décomposition d'une phrase ou d'une proposition en ses parties essentielles.

La *proposition* est l'énonciation d'un fait.

Quand la proposition forme un sens complet, par exemple : *Dieu est juste,* elle prend le nom de *phrase.* Le plus souvent la phrase contient plusieurs propositions dépendantes les unes des autres ; par exemple : *Je crois que la vertu est préférable à tous les biens.*

Il y a dans une phrase autant de propositions qu'il y a de verbes à un mode personnel exprimés ou sous-entendus.

167. L'analyse logique se divise en deux parties : l'une qui traite des éléments de la proposition, l'autre, des différentes sortes de propositions.

PREMIÈRE PARTIE.

168. La proposition ne renferme que trois parties essentielles : le *sujet*, le *verbe* et l'*attribut*.

Tous les autres mots qui peuvent figurer dans une proposition se rapportent au sujet ou à l'attribut.

Le sujet représente la personne ou la chose à laquelle on attribue une qualité ou manière d'être.

L'attribut exprime la qualité qui est attribuée au sujet.

Le verbe marque le rapport de l'attribut au sujet.

Dans cette proposition : *Le mérite est modeste*, le sujet *mérite* représente la chose à laquelle est attribuée la qualité marquée par l'adjectif *modeste ;* l'attribut *modeste* représente la qualité qui est attribuée au sujet *mérite :* *est,* le verbe, marque le rapport de l'attribut au sujet.

169. Le sujet d'une proposition est un *nom* ou un *pronom*, ou un *verbe à l'infinitif*, ou même une *proposition*.

Le verbe est toujours *être*, soit dans sa forme simple : *Dieu seul est grand ;* soit dans sa forme composée : *Je dors*, pour *je suis dormant.*

L'attribut est exprimé le plus souvent par un *adjectif* ou un *participe*, et quelquefois par un *nom* ou un *pronom*.

sujet. attribut.
La vertu est louable.
suj. attr.
Elle est estimée.
suj. attr.
Le soleil brille — est brillant.
suj. attr.
Cette maison est la mienne.

        attr.   suj.
C'est un péché de mentir (1).
        attr.   suj.
Il est certain (*que Dieu voit tout*).

170. On appelle *complément* tout ce qui se rattache au sujet ou à l'attribut, et qui en détermine le sens. Ainsi, dans les phrases suivantes :

La bonté de Dieu est infinie.
L'honnête homme est fidèle à sa parole.
Il cultivait en paix son patrimoine.
On croit que toutes les planètes sont habitées.
Dans la 1re proposition, le sujet *bonté* a pour complément *de Dieu.*
Dans la 2e, l'attribut *fidèle* a pour complément *à sa parole.*
Dans la 3e, l'attribut *cultivant* a pour complément *en paix son patrimoine.*
Dans la 4e, l'attribut *croyant* a pour complément la proposition *que les planètes sont habitées.*

171. Par *complément verbal* on désigne un nom et un participe joints ensemble qui ne se rattachent ni au sujet ni à l'attribut, et qui déterminent le sens de la proposition tout entière.

Carthage détruite, *la puissance romaine ne cessa de s'accroître.*
Toutes choses (*étant*) **égales d'ailleurs,** je préfère ma situation *à la vôtre.*

---

(1) Il faut remarquer que dans les propositions ; *C'est un péché de mentir, il est certain que Dieu voit tout,* les pronoms *ce, il,* ne sont que des gallicismes dont il ne faut pas tenir compte dans l'analyse logique: de même dans la phrase suivante : *Ce qui me désole, ce sont vos malheurs,* il ne faut pas voir deux propositions. Pour s'en assurer, il suffit de chercher le sujet en faisant la question *qu'est-ce qui ?* Qu'est-ce qui est un péché? — Mentir. — Qu'est-ce qui est certain? — Que Dieu voit tout. — Qu'est-ce qui me désole? — Vos malheurs.

172. On appelle *sujet logique, attribut logique, complément logique,* le sujet, l'attribut, le complément et tout ce qui s'y rattache.

sujet logique.
(La bonté du Dieu que nous adorons) *est infinie.*

attribut logique.
L'honnête homme est **(fidèle à sa parole même donnée imprudemment).**

complément logique.
On croit — on est croyant — **(que toutes les planètes qui peuplent l'immensité des cieux sont habitées).**

DEUXIÈME PARTIE.

173. Il y a quatre sortes de propositions : *principale, subordonnée, incidente, complétive.*

I. La proposition *principale* ne dépend d'aucune autre, quelle que soit la place qu'elle occupe dans la phrase : elle ne commence jamais par un pronom relatif, ni par une conjonction, excepté *et, ou, ni, mais, or, donc, car, soit.*

Je soutiens que la terre tourne, disait Galilée.

Il y a dans cette phrase deux propositions principales, *je soutiens, disait Galilée.*

II. La proposition *subordonnée* (1) sert ordinairement de régime à l'attribut d'une autre proposition : elle commence le plus souvent par la conjonction *que,* et quelquefois par la conjonction dubitative *si,* ou par un pro-

____

(1) Ou *proposition-régime.*

nom interrogatif : elle répond aux questions *quoi, de quoi?*

Je soutiens **que** *la terre tourne : — je suis soutenant* **quoi?** **que** *la terre tourne;* proposition subordonnée.

J'ignore **qui** *vous êtes : — je suis ignorant* **quoi?** **qui** *vous êtes.*

Je ne sais **s'il** *travaille : — je suis ne sachant pas* **quoi?** **s'il** *travaille.*

Je suis persuadé **que** *vous réussirez : — je suis persuadé* **de quoi?** **que** *vous réussirez.*

La proposition subordonnée sert aussi de régime à un infinitif ou à un nom.

Croire **que Dieu n'est pas juste** *est un crime.*
Je ne veux pas savoir **qui a fait cela.**
Je vous pardonne dans l'espérance (espérant) **que vous vous corrigerez.**

REMARQUE. Quelquefois la proposition subordonnée dépend d'un adverbe joint à l'attribut.

Il est **plus** *riche* **que** *vous ne pensez.*
Il est **si** *sage* **qu'**on le cite pour modèle.*
Il marchait **si** *vite* **que** *je ne pus l'atteindre.*

III. La proposition *incidente* est ajoutée au sujet ou à l'attribut d'une autre proposition, pour en déterminer la signification : elle commence toujours par un pronom relatif ou bien par l'adverbe *où.*

Le fait **dont vous parlez** *est vrai.*
Soyons reconnaissants envers ceux **qui nous ont secourus.**
Évitez le piége **où il s'est laissé prendre.**

IV. La proposition *complétive* est ajoutée, non pas à l'un des termes d'une proposition, mais à une phrase tout entière, pour en exprimer quelque circonstance particulière : elle commence toujours par une conjonction, mais non par la conjonction *que.*

Tant que vous serez heureux, *vous aurez beaucoup d'amis;* **si le ciel devient orageux,** *vous resterez seul.*

174. Il y a *ellipse*, lorsqu'une ou plusieurs parties de la proposition sont sous-entendues : de là certaines propositions sont dites *elliptiques*.

(Vous) *Soyez sage. Je suis aussi savant que vous* (êtes savant). *Ce livre est* (appartenant) *à moi. A quelle heure êtes-vous arrivé ?* (Je suis arrivé) *à trois heures. J'aime cet enfant comme* (j'aime) *le mien.* (Je veux) *Qu'on serve le dîner.*

175. Il y a *inversion* toutes les fois que les mots ne sont pas placés dans l'ordre grammatical qui veut qu'on énonce d'abord le sujet, puis le verbe et ensuite l'attribut. Ainsi, dans la phrase déjà citée (§ 173) : *Je soutiens que la terre tourne, disait Galilée*, l'ordre grammatical exigerait : *Galilée disait : Je soutiens que la terre tourne.*

On voit par cet exemple que l'inversion peut exister dans l'ordre des propositions comme dans l'ordre des parties de la proposition.

—

CHAPITRE PREMIER.

DU NOM.

OBSERVATIONS SUR LE GENRE ET LE NOMBRE DE QUELQUES NOMS.

I. DU GENRE.

176. Il y a des noms féminins qui sont, dans certains cas, employés au masculin, et des noms masculins qui sont employés au féminin. Voici les plus usités.

177. Sont féminins les noms suivants :

AIDE, assistance : *Vous êtes toute mon aide.*

ENSEIGNE, drapeau : *Marcher enseignes déployées.*

Garde, surveillance : *Les chiens faisaient bonne garde.*

Cependant on dit au masculin :

Un aide : un *(homme qui donne de l')* aide : *J'ai besoin d'un aide.*

En parlant d'une femme, il reste féminin : *Cette sage-femme est l'une de ses aides.*

Un enseigne : un *(soldat qui porte l')* enseigne.

Un garde : un *(homme de)* garde.

178. Pendule, balancier d'une horloge, est masculin : *Les oscillations du pendule.*

Pendule : une *(horloge à)* pendule est féminin.

179. Aigle est masculin : *L'espèce de l'aigle commun est moins pure que celle du grand aigle. La décoration de l'aigle noir de Prusse. Papier grand aigle. C'est un aigle dont je ne dois pas suivre le vol.*

Aigle est féminin dans le sens d'enseigne : *Les aigles romaines;* et en termes d'armoiries : *A l'aigle éployée d'argent.*

180. Amour est masculin au singulier et presque toujours féminin au pluriel : *Un amour éternel; d'éternelles amours.*

En terme de peinture, de sculpture et de mythologie, il est toujours masculin : *Petits Amours.*

181. Couple marquant l'union est du masculin : *Un couple d'époux; un couple de pigeons.*

Couple marquant le nombre deux est féminin : *Une couple de perdrix; une couple d'œufs.*

Il est également féminin, quand il désigne le lien dont on attache deux chiens de chasse ensemble : *Où est la couple de ces chiens ?*

182. Délice, orgue, sont masculins au singulier et

féminins au pluriel : *C'est* **un** *délice de faire des heureux. L'étude fait toutes mes délices.* **Un grand** *et* **bel** *orgue.* **Des orgues harmonieuses.**

183. ENFANT, ESCLAVE, DÉPOSITAIRE, sont du masculin ou du féminin, selon le sexe de la personne qu'ils représentent : **Un** *enfant soumis,* **un** *jeune esclave,* **un** *dépositaire infidèle. Cette jeune fille est une enfant bien soumise. Une belle esclave. Elle est seule dépositaire de mes serments.*

184. EXEMPLE est toujours du masculin : **Un** *exemple de vertu.* **Un bel** *exemple d'écriture anglaise.*

185. FOUDRE, tonnerre, est du féminin : *Être frappé de la foudre.* Au figuré, *foudre* est toujours masculin : **Le** *foudre vengeur. C'est* **un** *foudre de guerre. Les foudres* **éclatants** *de l'éloquence.*

186. HYMNE, chant d'église, est féminin : *Après que l'hymne fut chantée.* Dans tout autre sens, *hymne* est masculin : *Des hymnes* **anciens;** *des hymnes* **guerriers.**

187. OEUVRE est du féminin, quand il signifie :

1° Ce qui est produit par quelque agent : *L'œuvre de la création fut accomplie en six jours.*

2° Banc des marguilliers : *L'œuvre de cette paroisse est sculptée admirablement.*

3° Une action morale et chrétienne : *Faire une bonne œuvre.*

4° Productions de l'esprit, et, en ce sens, il n'est autorisé qu'au pluriel : *OEuvres mêlées; œuvres inédites.*

188. OEUVRE est du masculin, quand il signifie :

1° Le recueil de toutes les estampes d'un même graveur : **Tout** *l'œuvre de Callot.*

2° Ouvrage de musique : **Le second** *œuvre de Grétry.*

3° La recherche de la pierre philosophale, et, dans ce sens, il est toujours accompagné du mot *grand* : **Le grand** *œuvre.*

4° OEUVRE est aussi masculin dans le style soutenu et seulement au singulier : **Un** *œuvre de génie;* **ce saint** *œuvre.*

189. ORGE, quand il désigne la plante, est du féminin : *De l'orge bien levée ; voilà de belles orges.* Mais on dit : *Orge* **mondé;** *orge* **perlé.**

190. PERSONNE, employé comme nom et accompagné de l'article ou d'un adjectif déterminatif, est féminin : *Cette personne est très-heureuse;* **ces** *personnes sont discrètes.*

PERSONNE, employé comme pronom, est toujours du masculin et du singulier, et n'est jamais accompagné de l'article ni d'un autre déterminatif : *Personne n'est aussi* **heureux** *que vous. Y a-t-il personne d'assez* **hardi?**

191. QUELQUE CHOSE, signifiant *une chose,* est masculin : *Quelque chose m'a été* **dit.**

QUELQUE CHOSE, signifiant *quelle que soit la chose,* est féminin : *Quelque chose qu'il m'ait dite, je ne l'ai pas écouté.*

192. PÂQUE, ou plus ordinairement PÂQUES, fête religieuse des chrétiens, est du masculin : *Pâques est* **passé.**

PÂQUE, fête des Juifs, est féminin : *Ils célébraient* **la** *Pâque tous les ans.*

PÂQUES est aussi féminin et ne se dit qu'au pluriel, quand il désigne la communion faite à l'époque de Pâques : *Faire de bonnes pâques.* Il est aussi féminin dans les deux expressions : *Pâques fleuries; Pâques closes.*

193. PÉRIODE, terme d'astronomie, de médecine, de

grammaire, est féminin : **La** *période solaire. La fièvre est à* **sa** *période de déclin. Une période bien cadencée.*

Période, signifiant un nombre déterminé d'années, est également féminin : **La** *période attique.*

Période est masculin, quand il exprime :

1° Un espace de temps indéterminé : *Dans* **le dernier** *période de sa vie.*

2° Le plus haut degré : *Il est* **au** *plus* **haut** *période de sa gloire.*

194. Gent est féminin au singulier : **La** *gent moutonnière.*

1° Gens, au pluriel, veut au féminin les adjectifs qui le précèdent immédiatement, et au masculin ceux qui suivent : *Les* **vieilles** *gens sont soupçonneux. Ce sont les* **meilleures** *gens que j'aie vus.*

2° S'il y a plusieurs adjectifs devant le mot *gens*, et que l'un de ces deux adjectifs soit placé immédiatement devant ce nom, tous ces adjectifs se mettent au féminin : *Toutes ces bonnes gens. Une de ces* **vieilles** *gens.*

Cependant, si l'adjectif qui précède immédiatement le mot *gens* a la même terminaison pour les deux genres, tous les adjectifs restent au masculin : **Tous** *les* **honnêtes** *gens.* **Un** *de ces braves gens.* **Quels** *aimables gens !*

3° L'adjectif reste encore au masculin, quand il ne précède pas immédiatement le mot *gens* : **Tous** *les* **gens. Quels** *sont ces gens ?*

4° Enfin, les adjectifs qui précèdent *gens* restent au masculin, quand ce nom est suivi de la préposition *de* et d'un nom qui marque une profession, un état : **Cer-**

tains *gens* **d'affaires.** *De* **malheureux** *gens de* **lettres.**

II. DU NOMBRE.

195. Les noms propres ne prennent pas la marque du pluriel, lors même qu'ils désignent plusieurs personnes portant le même nom; mais on met au pluriel tout ce qui s'y rapporte : *Les deux* **Corneille** *se sont distingués dans la république des lettres. Les deux* **Racine** *ne sont pas également célèbres.*

196. Les noms propres employés comme noms communs prennent la marque du pluriel :

1° Quand ils représentent des individus semblables à ceux dont on emploie le nom : *Les Corneilles et les Racines sont rares. Louis fit des Boileaux, Auguste des Virgiles.*

2° Quand ils représentent certaines classes d'hommes, certaines familles illustres, parce qu'alors ils sont plutôt des titres, des surnoms, que des noms individuels : *Les Césars, les Gracques, les Scipions, les Stuarts, les Guises, les Condés, les Bourbons.*

REMARQUES. I. Les noms propres, quoique ne désignant qu'un seul individu, sont quelquefois précédés de l'article *les* dans le style soutenu : **Les** *Bossuet,* **les** *Fénélon,* **les** *Bourdaloue, se sont illustrés autant que* **les** *Condé et* **les** *Turenne.* Dans ce cas, le sens permet de supprimer l'article.

Dans le style ordinaire, on ne devrait pas employer l'article : *Socrate et Newton ont été des hommes aussi religieux que savants.*

II. Le nom propre reste encore invariable, quand il

est employé pour désigner plusieurs exemplaires d'un ouvrage : *Trois Virgile, dix Télémaque,* c'est-à-dire, *trois exemplaires de Virgile, dix exemplaires de Télémaque.*

Cependant on dit : *Des Elzévirs, des Raphaëls,* etc., pour *des livres imprimés par Elzévir, des tableaux peints par Raphaël.*

197. Les mots invariables de leur nature employés accidentellement comme noms, et même les mots variables employés comme mots et non pour désigner l'objet qu'ils représentent, ne prennent pas la marque du pluriel : *Les* **si**, *les* **car**, *les* **pourquoi**, *sont la cause de tous les procès. Trois* **un** *de suite* (111) *font cent onze. Deux* **a**, *deux* **tu.**

198. Parmi les noms empruntés aux langues étrangères, ceux qui sont d'un usage fréquent, et principalement ceux qui sont terminés par *o, a, um,* prennent la marque du pluriel ; ainsi l'on écrit *des débet***s**, *des pensum***s**, *des récépissés, des album***s**, *des factum***s**, *des piano***s**, *des domino***s**, *des acacia***s**, etc.

Carbonaro, dilettante, lazzarone, quintetto, font au pluriel, comme en italien, *carbonari, dilettanti, lazzaroni, quintetti.*

199. Les termes étrangers formés de deux mots sont invariables : des *in-folio,* des *mezzo-termine,* des *et-cœtera,* des *fac-simile,* des *auto-da-fé,* etc.

Enfin ne prennent pas la marque du pluriel les mots qui désignent les prières de l'Église : des *alleluia,* des *ave,* des *magnificat,* des *pater,* etc.

NOMS COMPOSÉS.

200. On appelle *noms composés* certains noms formés

de plusieurs mots ayant un sens équivalant à un seul, c'est-à-dire, ne représentant qu'un objet; tels sont : *Hôtel-Dieu, petit-maître, arc-en-ciel,* etc.

201. Règle générale. Tout nom composé qui n'est point encore passé à l'état de mot (1), c'est-à-dire, dont les parties sont jointes par un trait d'union, doit s'écrire au singulier et au pluriel selon la nature ou le sens des mots qui le composent.

Les seuls mots susceptibles de prendre la marque du pluriel dans les noms composés sont le nom et l'adjectif.

RÈGLES PARTICULIÈRES.

202. Quand le nom composé est formé d'un nom et d'un adjectif, ou de deux noms placés immédiatement à la suite l'un de l'autre, ils prennent tous deux la marque du pluriel : *Un chef-lieu, des chefs-lieux; une belle-mère, des belles-mères.*

Il faut en excepter les locutions familières *grand'mère, grand'messe,* etc. On écrit au pluriel : *Des grand'mères, des grand'messes,* etc.

203. Lorsque dans un nom composé il entre un mot qu'on n'emploie plus seul, ce mot prend la marque du pluriel, parce qu'alors il joue le rôle d'un adjectif ou d'un nom employé comme adjectif : *Des pies-grièches, des loups-cerviers,* etc.

Excepté le mot *vice* qui ne varie jamais : *Des vice-consuls, des vice-présidents.*

---

(1) C'est ordinairement par la suppression du trait d'union qu'un nom composé passe à l'état de mot : *Adieu* pour *à-dieu; contrevent* pour *contre-vent; portefeuille* pour *porte-feuille.*

OBSERVATION. Il arrive souvent que le nom composé est formé de parties réunies au moyen d'un ou plusieurs mots sous-entendus, c'est-à-dire, par une ellipse. Dans ce cas, on ne peut reconnaître si ces parties sont variables qu'en décomposant le nom et en examinant le sens de chaque partie :

Un garde-chasse : des gardes (de la) *chasse.*

Une fête-Dieu : des fêtes (de) *Dieu.*

204. Quand le nom composé est formé de deux noms joints ensemble par une préposition, le premier seulement est susceptible de prendre la marque du pluriel : *Un arc-en-ciel, des arcs-en-ciel; un ver-à-soie, des vers-à-soie.*

EXCEPTIONS. *Des coq-à-l'âne, des pied-à-terre, des pot-au-feu, des tête-à-tête, des vol-au-vent.*

205. Quand les noms composés sont formés d'un mot invariable de sa nature et d'un nom ou d'un adjectif, ce nom ou cet adjectif prend seul la marque du pluriel.

Un arrière-neveu, des arrière-neveux.
Une contre-allée, des contre-allées.
Un garde-fou, des garde-fous.
Un passe-poil, des passe-poils.

206. Quand la décomposition du nom composé ne peut amener que le singulier, il est clair que le nom reste toujours invariable :

Des Colin-Maillard (des jeux où Colin cherche Maillard).

Des casse-tête (des massues avec lesquelles on casse la tête).

Des contre-poison (des remèdes contre le poison).

207. Quand au contraire la décomposition du mot

composé amène le pluriel, le nom a toujours le signe du pluriel :

Un gobe-mouches (un homme qui gobe les mouches).

Un va-nu-pieds (un homme qui va les pieds nus).

Un serre-papiers (un endroit où l'on serre les papiers).

208. Quand un nom composé ne renferme que des mots invariables de leur nature, aucun de ces mots ne prend la marque du pluriel : *Des après-midi, des indouze, des qu'en dira-t-on, des passe-partout,* etc.

RÉGIME DU NOM.

209. Un nom peut avoir pour régime ou un autre nom, ou un pronom, ou un infinitif. Ce régime est ordinairement précédé de la préposition *de* : *Le zèle* **de votre fils** *et la paresse* **du mien;** *le temps* **de lire.**

Cependant un grand nombre de noms conservent le régime des verbes dont ils sont dérivés. Ainsi l'on dit : *L'obéissance* **aux** *lois; mon voyage* **en** *Italie;* etc.

NOMBRE DES NOMS UNIS PAR LA PRÉPOSITION DE.

210. Quand deux noms sont joints ensemble par la préposition *de,* le second se met au singulier, s'il est employé dans un sens général, indéterminé.

Ainsi l'on écrira : *Des voix de femme; des tas d'herbe; des lits de plume; des marchands de vin.* Les mots *femme, herbe, plume, vin,* restent au singulier, parce qu'il s'agit d'indiquer l'espèce de *voix,* de *tas,* de *lits,* de *marchands.*

211. Mais si le nom qui suit *de* est employé dans un sens particulier ou déterminé, il se met au pluriel : *Une*

pension de femmes ; un tas d'herbes médicinales ; un paquet de plumes ; un marchand de vins fins. Il s'agit ici d'une *pension pour les femmes, d'herbes particulières, de plumes prises séparément, de vins de différentes sortes.*

REMARQUE. Pour savoir si un nom accompagné de l'adjectif possessif *leur* doit être mis au singulier ou au pluriel, il faut remplacer *leur* par l'article, en mettant *d'eux* ou *d'elles* après le nom : le sens indiquera clairement à quel nombre doit être le nom.

Ainsi l'on écrira au singulier :

Mon père et mon oncle ont vendu *leur ferme*, c'est-à-dire, *la* ferme *d'eux* (possédée en commun).

Ces messieurs ont présenté *leur offrande*, *l'*offrande *d'eux* (faite en commun).

Mes filles sont allées au bal avec *leur mère, la* mère *d'elles.*

Envoyez ces deux lettres à *leur adresse,* à *l'*adresse *d'elles* (pour la même personne).

Ces négociants ont cédé *leur maison* à *leur commis, au* commis *d'eux* (une seule maison et un seul commis).

Mais on écrira au pluriel :

Mon père et mon oncle ont vendu *leurs fermes, les* fermes *d'eux* (ils possédaient chacun une ferme).

Ces messieurs ont présenté *leurs offrandes, les* offrandes *d'eux* (chacun a présenté la sienne).

Votre fille et la mienne étaient au bal avec *leurs mères,* avec *les* mères *d'elles.*

Envoyez ces deux lettres à *leurs adresses, aux* adresses *d'elles* (pour deux personnes différentes).

Ces négociants ont cédé *leur maison* à *leurs commis, la* maison *d'eux aux* (à plusieurs) commis *d'eux.*

CHAPITRE II.

DE L'ARTICLE.

212. L'*article* se met devant les noms communs employés dans un sens déterminé (§ 52) : *Le marbre de la cheminée de ma chambre est précieux.*

Par conséquent, on ne doit pas mettre l'article devant les noms qui sont pris dans un sens indéterminé : *J'ai acheté un marbre **de** cheminée pour ma chambre.*

213. L'article se met aussi :

1° Devant les noms qui désignent un objet unique : **Le** *soleil éclaire* **la** *terre.*

2° Devant les noms qui désignent l'espèce en général : **L'**homme est mortel ; **les** *hommes sont mortels.*

3° Devant les noms qui désignent des objets dont on a déjà parlé ou que les personnes auxquelles on s'adresse ont dans l'idée. **Le** *courrier est arrivé.* **L'***étoile conduisait les rois mages.*

Mais, si l'on n'avait pas encore parlé des objets désignés par les noms, ou si les personnes auxquelles on s'adresse n'avaient pas ces objets dans l'idée, il faudrait mettre *un, une* au singulier, et *des* au pluriel : **Un** *courrier est arrivé.* **Une** *étoile conduisait* **des** *rois mages* (§ 56. Rem.).

214. Quand plusieurs noms singuliers sont de suite, on met l'article devant chacun d'eux : **Le** *maître et* **le** *valet ont été tués du même coup. J'ai vu* **le** *frère et* **la** *sœur.*

215. Bien qu'on en trouve quelques exemples dans des cas où l'équivoque n'est pas possible, il ne faut pas mettre l'article au pluriel devant plusieurs noms singuliers ; on ne dirait donc pas : **Les** *maître et valet...* **Les** *frère et sœur...*

Mais, devant les noms pluriels, l'usage permet de ne pas répéter l'article, et cela a presque toujours lieu devant les noms habituellement réunis : *Les frères et sœurs ; les sous-officiers et soldats ; école des arts et métiers ; les ministres et grands officiers ;* etc.

216. Dans une énumération, on peut employer l'article ou ne pas l'employer ; c'est le goût et la clarté qui qui en décident :

> *Le* cœur, *l'*esprit, *les* mœurs, tout gagne à la culture.
> Femmes, moines, vieillards, tout était descendu.

217. Quand il y a plusieurs adjectifs et un seul nom exprimé, c'est le sens que l'on a en vue qui décide s'il faut mettre ou non l'article devant l'adjectif.

Lorsqu'il s'agit d'objets différents, on met l'article devant l'adjectif qui se rapporte au nom sous-entendu ; alors les adjectifs sont joints par une conjonction : *Les philosophes anciens* **et les** *(philosophes) modernes. Le premier étage* **et le** *second (étage). J'ai visité les deux appartements,* **le** *grand (appartement)* **et le** *petit (appartement).*

REMARQUE. Quelquefois il est plus élégant de répéter le nom : *Corneille a formé la scène tragique et la* **scène** *comique.*

218. Mais, s'il ne s'agit que d'un seul objet, on ne répète pas l'article devant les adjectifs unis par la conjonction *et : J'ai visité le grand* **et** *superbe appartement que vous habitez.*

Toutefois on peut, même dans ce cas, répéter l'article,

mais la conjonction disparaît : **Le** *grand,* **le** *superbe appartement que vous habitez !*

OBSERVATION. Les règles sur l'emploi de l'article s'appliquent également aux adjectifs déterminatifs et aux adjectifs indéfinis : **Mon** *grand* **et mon** *petit appartement ;* **mon** *grand* **et** *bel appartement ;* etc.

DE L'ARTICLE AVANT LES NOMS PRÉCÉDÉS DU MOT DE.

OBSERVATION. Le mot *de* n'est très-souvent qu'un mot partitif désignant une quantité vague, un nombre indéterminé.

219. On emploie *du, de la, des,* devant les noms pris dans un sens partitif, quand ils ne sont pas précédés d'un adjectif ; et on emploie simplement *de,* quand il y a un adjectif devant le nom : *Manger* **de la** *viande,* **de** *bonne viande. Boire* **du** *vin,* **de** *bon vin,* **du** *vin vieux.* **Des** *soldats braves,* **de** *braves soldats. On y voit* **des** *milliers d'arbres. Dieu a semé* **des** *mondes innombrables dans l'espace. Si j'ai* **de l'argent,** *ce n'est pas pour le dépenser follement.*

Mais, si le nom est employé dans un sens général ou dans un sens déterminé, il faut se servir de l'article, bien qu'il y ait un adjectif devant le nom : *Je connais le prix* **du** *bon vin,* **de la** *bonne viande. La reconnaissance* **des** *braves soldats que vous commandez.*

220. Quand le verbe est accompagné d'une négation, *de* partitif équivaut à peu près aux mots *nul, aucun ;* mais alors son régime ne reçoit jamais l'article : *Je n'ai* **de** *volonté que la tienne.* **N'avez-vous point d'amis ?** *Il parle* **sans** *faire* **de** *fautes. (Sans* équivaut à une négation : *Il parle et* **ne** *fait* **pas de** *fautes.)*

221. Quoique le verbe soit accompagné d'une négation, la phrase a quelquefois un sens positif. Dans ce cas, le mot qui sert de régime à la proposition doit être précédé de l'article : *Je* **n'ai pas de l'**argent pour le dépenser follement*. **N'**avez-vous **pas de la** santé, **de la** fortune, **des** amis ? *Il ne peut parler* **sans** faire **des** fautes*, c'est-à-dire *quand il parle, il fait* **des** fautes*.

222. Si l'adjectif et le nom forment un nom composé, ou s'ils sont liés par le sens d'une manière inséparable, il faut employer l'article après la préposition *de*. *Je veux la campagne,* **du** *petit lait, de bon potage. Ce sont* **des** *jeunes gens qui disent* **des** *bons mots. Étudiez l'histoire* **du** *moyen âge.*

223. *La plupart* et l'adverbe de quantité *bien* sont toujours suivis de l'article : *La plupart* **des** *hommes;* *bien* **des** *gens.* Cependant on dit : *Bien* **d'**autres.*

Remarque. L'emploi ou la suppression de l'article suffit pour changer le sens de la phrase : *Un valet de ferme a apporté cette lettre ; le valet de* **la** *ferme est revenu. Toute route sera entretenue par l'État ; toute* **la** *route sera entretenue par l'État. Je veux de plus beau drap* (comparatif) ; *je veux* **du** *plus beau drap* (superlatif).

224. Devant les adverbes *plus, mieux, moins,* on emploie *le, la, les,* si l'on exprime une comparaison : *C'est la femme du monde* **la** *plus heureuse, — plus heureuse que toutes les autres. Elle ne pleurait pas, quoiqu'elle fût* **la** *plus affligée, — quoiqu'elle fût plus affligée que toutes les autres.*

225. Mais on emploie *le* invariable, quand on veut marquer la qualité portée au plus haut degré, sans au-

5.

cune idée de comparaison : *C'est auprès de ses enfants qu'elle est* **le** *plus heureuse,* — *heureuse au plus haut degré. Elle ne pleure pas, lors même qu'elle est* **le** *plus affligée,* — *affligée au plus haut degré.*

226. *Le* est également invariable, lorsque *plus, mieux, moins,* sont employés seuls, ou lorsqu'ils sont suivis d'un adverbe : *Celle qu'on admire* **le** *plus, c'est celle qui chante* **le** *mieux ; c'est celle qui est vêtue* **le** *plus modestement.*

CHAPITRE III.

DE L'ADJECTIF.

ADJECTIFS QUALIFICATIFS.

227. Règle générale. Tout adjectif doit être du même genre et du même nombre que le nom ou le pronom auquel il se rapporte : *Le* **bon** *père, la* **bonne** *mère ; de* **beaux** *jardins, de* **belles** *fleurs.*

228. Quand un adjectif se rapporte à deux noms singuliers, il se met au pluriel, parce que deux singuliers valent un pluriel : *Le roi et le berger sont* **égaux** *après la mort.*

229. Si les deux noms sont de différents genres, on met l'adjectif au masculin : *Mon père et ma mère sont* **contents.**

Remarque. Lorsque l'adjectif n'a pas la même terminaison pour les deux genres, et que les deux noms ne sont pas du même genre, il est mieux de placer le nom masculin le dernier. On dit plutôt *La bouche et les yeux ouverts* que *Les yeux et la bouche ouverts.*

EXCEPTIONS. 1° L'adjectif placé après deux ou plusieurs noms qui ont à peu près la même signification s'accorde avec le dernier. Dans ce cas, les noms ne doivent point être unis par la conjonction *et*. *Toute sa vie n'a été qu'un travail, une occupation continuelle.*

2° Quand le dernier nom exprimé enchérit sur le précédent, l'adjectif s'accorde seulement avec le dernier : *Le fer, le bandeau, la flamme est toute prête.*

230. Quand les deux noms sont unis par la conjonction *ou*, l'adjectif s'accorde avec le dernier : *Il a un bonheur ou une habileté prodigieuse.*

231. Lorsque les noms sont liés par une conjonction qui marque une comparaison, l'adjectif s'accorde avec le premier : *La vertu, de même que le savoir, est honorée.*

Dans cette phrase l'adjectif s'accorde avec le premier nom, parce que le second est sujet d'un verbe sous-entendu : *La vertu est honorée, de même que le savoir (est honoré).*

232. Quand deux noms se suivent et que le second est régime du premier, il faut bien examiner le sens de la phrase pour savoir auquel des deux se rapporte l'adjectif :

Des rubans de *gaze brochée*, — de gaze (*qui est*) brochée.
Des *rubans* de gaze *roulés*, — de gaze (*qui sont*) roulés.
Des verres de *cristal taillé.*
Des *verres* de cristal *cassés.*
Des bas de *laine noire*, — faits de laine noire.
Des *bas* de laine *noirs*, — de laine (*qui sont*) noirs.
Mesdemoiselles, marchez *droites*, — en vous tenant droites.
Mesdemoiselles, marchez *droit*, — directement devant vous.

234. Nu, placé avant le nom, reste invariable : **Nu-**

pieds, **nu**-*jambes,* **nu**-*tête.* Cependant on dit : *Nue propriété.*

234. DEMI, placé avant le nom, reste également invariable : *Une* **demi**-*heure, une* **demi**-*livre.*

Placé après le nom, il s'accorde avec lui, mais seulement en genre, et ne prend jamais la marque du pluriel : *Deux livres et (une livre) demi***e.**

Demi, signifiant moitié d'unité, est un nom masculin : *Deux tiers et* **un** *demi.*

Demie, signifiant une demi-heure, est un nom féminin : **La** *demie est-***elle** *sonnée?*

235. FEU s'accorde avec le nom, quand il le précède immédiatement : *La feue reine; ma feue sœur.*

Feu reste invariable, quand il est séparé du nom par l'article ou un adjectif déterminatif : **Feu** *la reine;* **feu** *ma sœur.*

236. POSSIBLE est adjectif et s'accorde : *Il a éprouvé tous les malheurs possible***s.** Mais on dit, par ellipse, *le moins d'erreurs* **possible,** *c'est-à-dire, le moins d'erreurs qu'il sera possible.*

237. JUSTE, PROCHE, sont tantôt adjectifs et tantôt adverbes : *Il a pris des mesures juste***s** *(exactes); il a pris ses mesures* **juste** *(exactement). Ces maisons sont proche***s** *(rapprochées) de la ville; nous étions* **proche** *(près) de la ville.*

238. Les adjectifs employés comme adverbes restent invariables : *Ces fleurs sentent* **bon.** *Il a vendu* **cher** *sa vie.*

Frais, fraîche, fait exception; on dit : *Une maison toute* **fraîche** *faite; des fleurs* **fraîches** *cueillies,* **fraîches** *écloses.*

239. Nouveau s'emploie quelquefois comme adverbe pour *nouvellement*, et reste alors invariable : *Des enfants* **nouveau**-*nés ; des vins* **nouveau** *percés.*

Cependant il ne s'emploie pas en ce sens avec un nom féminin, excepté dans l'expression *Une fille nouveau-née.*

Devant un participe employé comme nom, le mot *nouveau* se prend aussi dans le sens de *nouvellement;* mais alors il reste adjectif et s'accorde : *De* **nouveaux** *mariés ; une* **nouvelle** *mariée.* Mais on dirait : *Des personnes* **nouvellement** *mariées,* parce qu'ici *mariées* est un participe joint à un nom.

240. Dans l'expression *mort-né, mort* est toujours invariable : *Deux enfants* **mort**-*nés ; une brebis* **mort-née.**

Premier-né ne s'emploie qu'au masculin, et chacun des deux adjectifs prend la marque du pluriel : *Les enfants premiers-nés,* et plus ordinairement : *Les premiers-nés.*

241. Dans l'expression *se faire fort,* le mot *fort* est toujours invariable : **Elle** *se* *fait* **fort** *d'obtenir la signature de son mari.*

Remarque. Il ne faut point considérer comme adjectifs certains mots qui, en réalité, dépendent d'un autre mot exprimé ou sous-entendu, et qui, par conséquent, restent invariables.

Des rubans			paille.
Des robes			vert-foncé.
Des taffetas	(qui sont couleur de)	gros-vert.
Des étoffes		rose-tendre.
Des yeux		bleu-clair.
Des cheveux		châtain-clair.

Mais les mots *châtain, rose, cramoisi,* etc., sont adjectifs et s'accordent, lorsqu'ils sont employés seuls : *Des cheveux châtains, des chapeaux roses, de la soie cramoisie.*

242. *Avoir l'air* a deux sens :

1° Quand il signifie *avoir l'air du visage,* avoir l'extérieur, les dehors, le ton, les manières, la mine, le maintien, l'adjectif qui suit s'accorde avec le mot *air* : *Cette femme a l'air* **méprisant,** *l'air* **hautain.** *Ils ont tous deux l'air* **prévenant,** *l'air* **spirituel.**

2° Quand *avoir l'air* signifie *sembler, paraître,* l'adjectif s'accorde avec le sujet : **Elle** *a l'air toute troublée.* **Ils** *ont l'air fâchés de ce qu'ils viennent d'apprendre.*

Lorsqu'il s'agit de choses, il vaut mieux dire *avoir l'air* **d'être** : *Cette viande a l'air* **d'être** *fraîche. Cette pièce de monnaie a l'air* **d'être** *fausse. Cette maladie a l'air* **d'être** *sérieuse.*

ADJECTIFS COMPOSÉS.

243. Quand l'adjectif composé est formé de deux adjectifs, tous les deux s'accordent : *Une femme sourde-muette; des hommes ivres-morts, aveugles-nés.*

244. Quand l'adjectif composé est formé d'un mot invariable et d'un adjectif, l'adjectif seul s'accorde : *Les avant-dernières nouvelles.*

DE LA PLACE DES ADJECTIFS.

245. Il n'y a guère que l'usage qui puisse apprendre à placer convenablement les adjectifs.

Les uns se placent avant le nom : *Beau jardin, grand arbre.* D'autres ne se placent qu'après : *Habit rouge, table ronde.* D'autres se placent avant ou après, indifféremment : *Un habile général, un général habile; nos guerriers intrépides, nos intrépides guerriers,* etc.

Mais quelques-uns, selon leur place, changent la signification du nom :

Un homme pauvre,	qui n'a pas de fortune.
Un pauvre homme,	qui n'a pas de capacité.
L'année dernière,	avant l'année présente.
La dernière année,	d'une époque déterminée.
Une épigramme méchante,	où il y a de la méchanceté.
Une méchante épigramme,	mal tournée.

RÉGIME DES ADJECTIFS.

246. Un nom peut être régi par deux adjectifs, pourvu que ces adjectifs demandent le même régime; ainsi on dira : *Ce père est utile et cher à sa famille,* parce que les adjectifs *utile* et *cher* régissent la même préposition; on dit : *Utile* **à**, *cher* **à**.

Mais on ne pourrait pas dire : *Cet homme est utile et chéri* **de** *sa famille,* parce que *utile* et *chéri* ne veulent pas après eux la même préposition; dans ce cas il faut appliquer à chaque adjectif le régime qui lui convient; ainsi l'on dira : *Cet homme est utile à sa famille et* **en** *est chéri.*

ADJECTIFS DÉTERMINATIFS.

I. ADJECTIFS POSSESSIFS.

247. On emploie l'article, au lieu de l'adjectif possessif, dans les phrases où le sens est assez clair pour qu'il n'y ait pas d'erreur possible sur le possesseur; ainsi l'on dira : *J'ai* **la** *jambe enflée; Paul a reçu un coup* **au** *bras,* parce qu'il est bien évident que c'est ma jambe qui est enflée, que c'est le bras de Paul qui a reçu un coup.

Mais on dira, avec l'adjectif possessif : *Je vois que* **ma** *jambe enfle,* parce que je puis voir enfler la jambe d'un autre aussi bien que la mienne.

248. On fait également usage de l'adjectif possessif pour désigner quelque chose d'habituel ou de connu de ceux auxquels on s'adresse : **Ma** *migraine m'a repris;* **sa** *goutte le tourmente ;* etc.

249. Lorsqu'il s'agit de choses, il ne faut pas employer *son, sa, ses, leur, leurs,* à moins que le nom possesseur ne soit exprimé dans le même membre de phrase ; on les remplace par l'article et le pronom **en** ; ainsi l'on ne dira pas : *Paris est beau, j'admire* **ses** *édifices,* mais *j'***en** *admire* **les** *édifices,* parce que le possesseur *Paris* n'est pas dans la proposition.

250. Bien qu'il s'agisse de choses, on emploie *son, sa, ses, leur, leurs,* lorsque le nom possesseur est exprimé dans le même membre de phrase : *La Seine a* **sa** *source en Bourgogne.*

On en fait également usage, quoique le nom de chose ne soit pas dans le même membre de phrase, quand ils sont régis par une préposition. Ainsi on dira : *Paris est beau ; j'admire la grandeur* **de ses** *édifices.* Ou bien encore, quand ils sont joints au sujet d'un verbe attributif : *Paris est amusant ;* **ses** *plaisirs attirent les étrangers.*

II. ADJECTIFS DE NOMBRE.

251. Les adjectifs de nombre cardinaux sont **inva**-riables, à l'exception de *vingt* et *cent* : *La faction des* **seize ;** *les* **quarante** *de l'Académie.*

252. Vingt et cent prennent une *s*, lorsqu'ils sont précédés d'un autre adjectif de nombre qui les multiplie : *Quatre-vingts hommes ; ils étaient trois cents.*

Vingt et cent sont toujours invariables lorsqu'ils sont suivis d'un autre nombre : *Quatre-**vingt**-deux francs ; trois **cent** mille soldats.*

Vingt et cent, employés pour *vingtième, centième,* sont également invariables : *Page quatre-**vingt** ; l'an six **cent**.*

Cent, employé pour *centaine,* prend une *s* au pluriel : *Trois cents de paille.*

253. On dit également *vingt et un, trente et un,* etc., et *vingt-un, trente-un.* Quand on supprime la conjonction *et,* on la remplace par un trait d'union. Au-dessus de cent on ne met pas le trait d'union.

254. Mille, adjectif de nombre, est invariable : *Trois **mille** hommes ; ils étaient cinq **mille**.*

Dans la date ordinaire des années, quand *mille* est suivi d'un ou de plusieurs autres nombres, on met ordinairement *mil.* Ainsi on écrit : *L'an **mil** sept cent* pour *l'an mille sept cent.* Mais on écrirait : *L'an mille.*

Mille, mesure de chemin, est un nom et prend *s* au pluriel : *Trois milles d'Angleterre font une lieue.*

ADJECTIFS INDÉFINIS.

255. Aucun, nul, signifient *pas un* et ne peuvent ordinairement se joindre qu'à un nom singulier : *Il n'a **aucun** héritier, **nul** ami. Parmi tant de livres, je n'en ai **aucun** de relié.*

Exception. *Aucun* et *nul,* joints à des noms qui n'ont pas de singulier ou qui n'ont pas au pluriel la même signification qu'au singulier, prennent le nombre pluriel : *Aucunes funérailles; nulles gens; aucunes troupes; il n'a fait aucunes dispositions, nuls préparatifs*, parce qu'on dit : *Faire ses dispositions, ses préparatifs.*

NUL, signifiant *sans effet, sans valeur*, s'emploie aux deux genres et aux deux nombres : *Ces effets sont nuls. Toutes ces procédures sont nulles.*

256. CHAQUE, des deux genres, ne peut s'employer seul; il doit toujours être suivi d'un nom singulier. Ne dites donc pas: *Ces vases coûtent douze francs* **chaque,** mais bien *douze francs* **chacun.**

REMARQUE. *Chaque* ne peut jamais être joint à un nom pluriel, dans ce cas on le remplace par *chacun de;* ainsi on dirait : *Chacun des ancêtres; chacune des catacombes.*

Par la même raison, quoiqu'on dise : *Chaque jour, chaque semaine,* on devra dire au pluriel : *Tous les deux jours, toutes les trois semaines.*

257. MÊME est adjectif ou adverbe.

1° Il est adjectif et s'accorde, quand il est précédé de l'article ou d'un pronom: *Vos droits sont* **les mêmes.** *Ils ne doivent se plaindre que d'***eux-mêmes.**

2° Après un seul nom, il est tantôt adjectif et tantôt adverbe.

Il est adjectif et s'accorde, quand il ne peut pas se placer devant le nom : *Les Romains ne vainquirent les Grecs que par les Grecs* **mêmes.**

Il est adverbe et invariable, quand il peut se placer devant le nom : *Les bons rameurs* **même** *sont récompensés.* On pourrait dire : **Même** *les bons rameurs sont récompensés.*

3° Il est toujours adverbe, quand il est placé après

plusieurs noms : *Les hommes, les animaux* **même** *sont sensibles aux bienfaits.*

4° Il est encore adverbe, quand il est joint à un adjectif ou à un verbe : *Tout citoyen doit obéir aux lois,* **même** *injustes. On louait* **même** *ses défauts.*

258. QUELQUE, signifiant *un* ou *plusieurs,* s'écrit en un seul mot et s'accorde avec le nom qui suit : **Quelques** *écrivains ont traité ce sujet. Il y a* **quelques** *années.*

QUELQUE, placé immédiatement avant un adjectif de nombre cardinal, est adverbe et signifie *environ : Il y a* **quelque** *soixante ans.*

QUELQUE, suivi d'un verbe, s'écrit en deux mots ; alors *quel* est adjectif et s'accorde en genre et en nombre avec le sujet du verbe : *Quelle que soit votre intention ; quels que puissent être votre courage et votre prudence ; quelles que paraissent être vos vues.*

259. QUELQUE, suivi de *que,* s'écrit en un seul mot et s'emploie de cette manière :

1° S'il y a un adjectif entre *quelque* et *que,* alors *quelque* est adverbe et par conséquent ne prend jamais *s* à la fin : *Les rois,* **quelque** *puissants* **qu'**ils soient, *ne doivent pas oublier qu'ils sont hommes.*

2° S'il y a un nom entre *quelque* et *que,* alors *quelque* est adjectif et se met au même nombre que le nom. **Quelques** *richesses* **que** *vous ayez, vous ne devez pas vous enorgueillir.* Il en serait de même si le nom était précédé immédiatement d'un adjectif. **Quelques** *grandes richesses que vous ayez,* etc.

260. TOUT, signifiant la totalité, est adjectif et s'accorde en genre et en nombre avec le nom ou pronom auquel il se rapporte : **Tous** *les peuples ; toutes les nations.*

261. Tout, mis pour *quoique, entièrement,* est adverbe et ne change ni de genre ni de nombre devant un adjectif qui commence par une voyelle ou une *h* muette : *Les enfants,* **tout** *aimables qu'ils sont, ne laissent pas d'avoir bien des défauts. Ces images,* **tout** *amusantes qu'elles sont, ne me plaisent pas.*

Mais si l'adjectif féminin commence par une consonne ou une *h* aspirée, on met *toute, toutes* : *Cette image, toute belle qu'elle est, ne me plaît pas ; ces images, toutes belles qu'elles sont, ne me plaisent pas. Ces dames sont toutes surprises.*

262. Il y a néanmoins certains cas où *tout,* placé devant un adjectif féminin singulier commençant par une voyelle ou une *h* muette, reçoit également le genre du nom ou pronom auquel cet adjectif se rapporte, et redevient lui-même un véritable adjectif ; c'est lorsqu'il désigne la chose tout entière : *La forêt lui parut toute enflammée. La comédie, chez les Romains, fut toute athénienne.*

On dira de même : *La maison était toute en feu.* (Toute la maison brûlait.) *Cette maison est toute à lui.* (Toute cette maison lui appartient.)

263. Et de même encore devant un adjectif pluriel, quand on veut exprimer la totalité des personnes ou des choses : *Ces hommes sont* **tous** *étonnés,* **tous** *vivants; elles sont toutes étonnées, toutes vivantes, c'est-à-dire,* il n'y en a pas un parmi eux qui ne soit étonné, qui ne soit vivant; il n'y en a pas une qui ne soit étonnée, etc.

Dans ces différents cas *tout* peut se placer devant le nom ou pronom : *Toute la forêt lui parut enflammée.* **Tous** *ces hommes sont étonnés,* etc.

264. *Tout* reste invariable dans ces phrases : *Elle est

tout (tout à fait) *en larmes; elle est* **tout** (tout à fait) *à son devoir; elle est* **tout** *cœur,* **tout** *yeux,* **tout** *oreilles, etc.*

265. *Tout,* suivi d'un nom de ville, s'accorde, quand on désigne la ville elle-même : *Toute Rome est couverte de monuments.*

Mais il reste invariable, quand le nom de ville est employé pour désigner les habitants : **Tout** *Rome l'a vu.*

566. Il faut aussi distinguer entre ces deux locutions : *C'est* **tout** *autre chose,* et *demandez-moi* **toute** *autre chose.* Dans la première, *tout* est adverbe et signifie *tout à fait;* il doit s'écrire **tout.** Dans la seconde, *tout* est adjectif : *Demandez-moi toute chose autre (que celle que vous demandez),* et il faut écrire *toute.*

CHAPITRE IV.

DU PRONOM.

I. PRONOMS PERSONNELS.

267. Les pronoms *il, elle, ils, elles,* doivent toujours être du même genre et du même nombre que le nom dont ils tiennent la place.

Ainsi, en parlant de la tête, dites : **Elle** *me fait mal; elle,* parce que ce pronom se rapporte à *tête,* qui est du féminin et au singulier ; et, en parlant de plusieurs jardins, dites : **Ils** *sont beaux; ils,* parce que ce pronom se rapporte à *jardins,* qui est du masculin et au pluriel.

268. Les pronoms personnels employés comme sujets

se placent ordinairement avant le verbe : **Je** *lis*, **tu** *reçois*, **il** *rend*, etc.

Mais ils se placent après le verbe dans les cas suivants :

1° Lorsque l'on interroge : *Que deviendrai-***je** ? *Que fait-***il** ?

2° Dans les phrases qui ont la tournure interrogative, sans être interrogatives : *Avait-***il** *soupé, il s'en allait.*

3° Dans les phrases exclamatives : *Suis-***je** *assez malheureux !*

4° Lorsque l'on rapporte les paroles de quelqu'un : *J'ai fait tout ce que j'ai pu, me dit-***il.**

5° Quand le verbe est au subjonctif, sans qu'aucune conjonction soit exprimée : *Dussé-***je** *périr...., Puissiez-***vous** *réussir !*

6° Quand le verbe est précédé d'un des mots *aussi, peut-être, à peine,* etc. **Aussi** *puis-***je** *vous assurer ;* **peut-être** *irai-***je** ; **en vain** *ai-***je** *voulu me persuader.*

Dans ce dernier cas le pronom peut également se placer avant le verbe : **Aussi je** *puis vous assurer ;* etc.

Remarque. Dans les temps simples le pronom se place après le verbe dont il est sujet ; dans les temps composés il se place entre l'auxiliaire et le participe : *Qu'êtes-***vous** *devenu ? Ai-***je** *été assez malheureux !*

Observation. La politesse, et non la grammaire, exige que les pronoms *moi* et *nous*, joints à un nom ou à un autre pronom, se placent en dernier ordre : *Vous et* **moi,** *Monsieur et* **nous.**

269. Les pronoms personnels employés comme régime se placent immédiatement avant le verbe :

Son visage odieux **m'**affige *et* **me** *poursuit.*

Je **vous** *l'ai déjà dit, et je* **vous** *le répète.*

Exceptions :

1° Lorsque le pronom personnel est le régime d'un infinitif dépendant d'un autre verbe, ce pronom peut se mettre également avant l'un ou l'autre verbe. On dit : *Je veux* **vous** *secourir*, et *je* **vous** *veux secourir. Il est venu* **me** *voir*, et *il* **m'***est venu voir.*

Cependant cette seconde construction est moins usitée, et l'on ne doit pas s'en servir dans les temps composés, quand le sujet et le régime sont de la même personne ; il ne faut pas dire : *Je* **m'***aurais voulu procurer ce plaisir ;* mais bien : *J'aurais voulu* **me** *procurer ce plaisir.*

2° Quand un verbe à l'impératif a un pronom pour régime, il faut placer ce pronom après le verbe, à moins que le verbe ne soit accompagné d'une négation : *Crois-***moi** ; *levez-***vous.**

Mais, si le verbe est accompagné d'une négation, il faut placer le pronom immédiatement avant le verbe : *Ne* **me** *trompez point.*

270. Lorsqu'il y a deux impératifs de la même personne et qu'ils sont unis par une des conjonctions *et, ou,* on peut placer avant le deuxième impératif le pronom qui lui sert de régime : *Battez-moi plutôt et* **me** *laissez rire tout mon soûl.*

271. Lorsque le verbe qui est à l'impératif a pour régime direct un pronom et pour régime indirect un autre pronom, le pronom qui sert de régime direct doit se placer le premier : *Mon innocence est le seul bien qui me reste, laissez-***la***-moi.*

Remarques. I. Lorsque le pronom *moi* est employé familièrement et sans être nécessaire au sens de la phrase, il doit toujours se placer le dernier : *Donnez-leur-**moi** sur les oreilles ; dressez-lui-**moi** son procès.*

II. Quand la seconde personne du singulier de l'impératif est terminée par une voyelle, on y ajoute une *s* devant les mots *en*, *y*, pour la douceur de la prononciation ; ainsi l'on écrira : *Vas-y ; donnes-y tes soins ; cueilles-en.*

III. Il ne faut pas employer les pronoms *moi*, *toi*, comme régimes d'un verbe à l'impératif, en les faisant précéder ou suivre du mot *y ;* ainsi l'on ne dit pas : *Menez-y-moi ; mets-y-toi.* On ne dit pas non plus : *Menez-m'y, mets-t'y.* Il faut prendre une autre tournure et dire, par exemple : *Je vous prie de m'y mener ; tu feras bien, je te conseille de t'y mettre.*

272. Le pronom *le* ne prend ni genre ni nombre, quand il tient la place d'un adjectif ou d'un verbe, ou d'un membre de phrase. Par exemple, si l'on disait à une dame : *Madame, êtes-vous malade ?* il faudrait qu'elle répondît : *Oui, je **le** suis*, et non pas *Je **la** suis*, parce que *le* se rapporte à l'adjectif *malade*.

*On doit s'accommoder à l'humeur des autres autant qu'on **le** peut :* je mets *le*, parce qu'il se rapporte au verbe *s'accommoder.*

*Croyez-vous qu'on puisse être heureux sans remplir ses devoirs ? Je ne **le** crois pas.* Il faut mettre *le*, parce qu'il tient la place du membre de phrase *qu'on puisse être heureux sans remplir ses devoirs.*

Mais, si l'on disait : *Madame, êtes-vous **la** malade ?* il faudrait qu'elle répondît : *Oui, je **la** suis*, parce que l'adjectif *malade* est employé comme nom et précédé de l'article *la* (§ 36. Rem. II).

Et de même :

Êtes-vous **la** *maîtresse de la maison ? Je* **la** *suis.*
Êtes-vous maîtresse de la maison ? Je **le** *suis.*

273. Le pronom *soi* est du singulier et des deux genres : il se dit des personnes et des choses.

Quand il se dit des personnes, il ne peut ordinairement se rapporter qu'à un sujet vague, indéterminé, comme *On, quiconque, chacun,* etc., ou à un infinitif.

On *ne doit jamais parler de* **soi. Chacun** *songe à* **soi.** *N'aimer que* **soi,** *c'est être mauvais citoyen.*

274. Quelquefois cependant on emploie le pronom *soi* pour représenter un nom de personne déterminé; c'est pour éviter l'équivoque que produirait la répétition du pronom *lui,* se rapportant à deux noms différents.

L'avare qui a un fils prodigue n'amasse ni pour **soi** *ni pour lui.*

275. Quand il s'agit de choses, le pronom *soi* s'emploie avec un sujet déterminé : *De* **soi** *le vice est odieux. Un bienfait porte sa récompense avec* **soi.**

Au pluriel il faut employer le pronom *eux, elles : Les bienfaits portent leur récompense avec* **eux.**

276. Les pronoms *eux, elle, elles, lui, leur,* employés comme régimes indirects, ne peuvent guère se dire que des personnes. On les remplace par les pronoms *en, y,* quand il s'agit d'animaux ou de choses. Ainsi, en parlant d'une maison, il faut dire: *J'*y *ferai ajouter un pavillon,* et non pas, *Je* **lui** *ferai ajouter un pavillon.* En parlant d'une affaire ou de plusieurs : *J'*y *donnerai tous mes soins,* et non pas, *Je* **lui** *donnerai* ou *Je* **leur** *donnerai tous mes soins.* En parlant des ouvrages d'un écrivain, on dira : *Qu'*en *pense-t-on?* et non pas, *Que* *pense-t-on* **d'eux ?** Et en parlant d'un cheval : *Je ne m'en suis pas encore servi*, et non pas, *Je ne me suis pas encore servi* **de lui.**

Cette règle admet beaucoup d'exceptions ; ainsi on doit dire : *Ces chevaux sont rendus, faites-***leur** *donner un peu d'avoine. Ces orangers vont périr, si on ne* **leur** *donne un peu d'eau.*

OBSERVATION. **En** se dit des personnes et des choses ; en parlant d'un écrivain, on peut dire : *Que pense-t-on* **de lui ?** ou *Qu'en pense-t-on ?* et en parlant de ses ouvrages : *Qu'en pense-t-on ?*

277. **Y** s'emploie le plus souvent pour les choses, et quelquefois cependant pour les personnes, surtout dans le langage familier : *Pensez-vous à moi ? J'y pense. Je connais cet homme-là, et je ne m'***y** *fie pas.*

OBSERVATIONS.

278. Le pronom personnel employé comme sujet de plusieurs verbes peut ne s'exprimer qu'une fois ou se répéter, lorsque ces verbes sont unis par une des conjonctions *et, ou, ni, mais* : **Je** *vous l'ai dit et vous le répète*, ou bien, **Je** *vous l'ai dit et* **je** *vous le répète.* **Je** *plie et ne romps pas*, ou bien, **Je** *plie et* **je** *ne romps pas.*

Mais si les verbes sont unis par toute autre conjonction, le pronom personnel doit toujours se répéter : **Vous** *serez vraiment estimé, si* **vous** *êtes sage et modeste.*

279. Le pronom sujet se répète également, lorsque l'on passe d'un verbe accompagné d'une négation à un verbe qui n'en est pas accompagné : **Vous** *ne l'estimez pas et* **vous** *le fréquentez.*

280. Les pronoms personnels employés comme régimes doivent être répétés devant chaque verbe à un temps simple : *Votre lettre* **me** *plaît,* **me** *touche et* **m'***alarme. Je veux* **les** *voir,* **les** *prier,* **les** *presser,* **les** *fléchir.*

281. Si les verbes sont à un temps composé, le pronom régime peut indifféremment ne s'exprimer qu'une fois ou se répéter devant chaque verbe : *Je* **les** *ai vus et reconnus,* ou bien, *Je* **les** *ai vus et je* **les** *ai reconnus.*

EXCEPTION. Si les verbes demandent un régime différent, il faut indispensablement répéter le pronom avec l'auxiliaire. On doit dire : *Il* **m'***a vu et* **m'***a parlé,* et non pas, *Il* **m'***a vu et parlé.*

II. PRONOMS POSSESSIFS.

282. Les pronoms possessifs doivent toujours se rapporter à un nom exprimé auparavant : *Voilà mes livres; où sont* **les tiens** (1)?

283. Les pronoms possessifs s'emploient quelquefois comme noms : *Il est plein d'égards pour moi et* **les miens. Les vôtres** *se sont bien conduits. Chacun aime* **les siens.**

III. PRONOMS DÉMONSTRATIFS.

284. Le pronom *ce* est toujours suivi du verbe *être* ou du pronom relatif *qui, que, quoi, dont* : **C'est** *Dieu qui a créé le monde.* **Ce qui** *plaît à tout le monde.* **Ce que** *l'on conçoit bien.*

---

(1) Il ne faut pas imiter cette forme incorrecte, employée souvent dans la correspondance commerciale : *J'ai reçu* **la vôtre,** etc. Il faut exprimer le mot *lettre* et dire : *J'ai reçu votre lettre.*

285. Quelquefois le pronom *ce* est placé immédiatement avant le verbe *être* et après le sujet, lorsque l'on exprime une vérité générale sur laquelle on veut insister : *La vraie noblesse, c'est la vertu. Le plus grand tort du génie, c'est de faire rougir la vertu.*

286. Le pronom *ce* doit toujours précéder le verbe *être*, quand ce verbe est placé entre deux infinitifs : *Ménager sa fortune, c'est l'augmenter.*

287. Quand le premier membre de la phrase commence par *ce qui, ce que,* on répète *ce* devant le verbe *être,* lorsqu'il est suivi d'un nom ou d'un verbe à l'infinitif :

Ce qui *me plaît, c'est la vertu.*

Ce que *je sais le mieux, c'est mon commencement.*

Ce qui m'afflige, c'est de vous quitter.

Mais si le verbe *être* est suivi d'un adjectif, on ne répète pas *ce* : **Ce** *qui est vrai est beau.*

288. *Celui, celle, ceux, celles,* doivent toujours être suivis d'un régime indirect ou d'un pronom relatif : *Les défauts de Henri IV étaient* **ceux** *de son temps, et ses vertus,* **celles** *d'un grand homme. Le meilleur souverain est* **celui** *qui fait des heureux.*

Ainsi les pronoms *celui, celle, ceux, celles,* ne peuvent pas être suivis immédiatement d'un adjectif ou d'un participe, et l'on ne doit pas dire : *Celle reçue; ceux aimables,* mais bien, *Celle* **qui est** *reçue; ceux* **qui sont** *aimables.*

289. *Celui-ci, celui-là,* s'emploient de cette manière: *Celui-ci,* pour la personne ou la chose dont on a parlé en dernier lieu, ou qui est la plus rapprochée; *celui-là,*

pour la personne ou la chose dont on a parlé en premier lieu ou qui est la plus éloignée : *Les deux philosophes Héraclite et Démocrite étaient d'un caractère bien diffé- rent :* **celui-ci** *(Démocrite) riait toujours;* **celui-là** *(* Héraclite *) pleurait sans cesse. Voilà deux étoffes :* *prenez* **celle-ci** *(la plus proche);* *laissez* **celle-là** *(la plus éloignée).*

Ceci désigne une chose plus proche; *cela* désigne une chose plus éloignée : *Je n'aime pas* **ceci**; *donnez-moi* **cela**.

IV. PRONOMS RELATIFS.

290. Le pronom relatif a toujours un antécédent exprimé ou sous-entendu : *Dieu* **qui** *a créé le monde.* Dans cette phrase le pronom relatif *qui* a pour antécé- dent *Dieu.* **Qui** *sert bien son pays n'a pas besoin d'aïeux.* Ici le pronom relatif *qui* a pour antécédent un nom ou pronom sous-entendu (*l'homme, celui,*) etc.

291. Le pronom relatif prend toujours le genre, le nombre et la personne de son antécédent, c'est-à-dire, du nom ou pronom auquel il se rapporte (§ 64). Ainsi l'on dit : **Moi** *qui* **suis** *aimé,* **toi** *qui* **es** *aimé, lui qui* **est** *aimé,* **elle** *qui* **est** *aimée,* **nous** *qui* **sommes** *aimés,* etc.

292. *Qui,* précédé d'une préposition et employé comme régime indirect, ne peut se dire que des personnes ou des choses personnifiées, c'est-à-dire auxquelles on attribue les qualités ou les sentiments des personnes. *L'enfant à* **qui** *tout cède est le plus malheureux. Ro- chers, à* **qui** *je me plains.*

Mais il faudrait dire : *Les rochers* **sur lesquels** *le*

vaisseau s'est brisé. Le cheval **par lequel** *j'ai été renversé.*

293. Le pronom relatif doit toujours être rapproché de son antécédent de manière à empêcher toute équivoque : *On trouve dans les écrits de Buffon des détails qu'on chercherait vainement ailleurs.* Cette phrase cesserait d'être claire, si l'on disait : *On trouve des détails dans les écrits de Buffon qu'on chercherait vainement ailleurs.*

Si l'on ne pouvait changer la construction de la phrase, il faudrait remplacer *qui* par *lequel, laquelle : Il y a une édition de ce livre,* **laquelle** *se vend à fort bon marché.*

III. PRONOMS INDÉFINIS.

294. *On* est ordinairement masculin et singulier : **On n'est** *pas toujours* **heureux.**

Mais quand le sens indique clairement qu'il s'agit d'une femme, l'adjectif se met au féminin : **On** *n'est pas toujours jeune et* **belle.**

Il s'emploie aussi avec le pluriel *des* et un nom. **On** *n'est point* **des** *esclaves, pour essuyer de si mauvais traitements.*

295. Quelquefois, pour la douceur de la prononciation, on met devant ce pronom l'article *le,* après *et, si, ou : Et* **l'on** *croit; si* **l'on** *pense; ou* **l'on** *dira.*

Cependant on ne mettrait pas l'article, si le pronom indéfini *on* était suivi de *le, la, les, lui, leur : Et* **on** *le croit; si* **on** *le pense; ou* **on** *leur dira.*

296. CHACUN, précédé d'un nom pluriel, veut après lui tantôt *son, sa, ses,* tantôt *leur, leurs.*

1° Il veut *son, sa, ses,* quand il est après le régime ou qu'il n'y a pas de régime : *Ils ont apporté des offrandes,* **chacun** *selon* **ses** *moyens. Ils ont donné leur avis,* **chacun** *selon* **ses** *vues. Ils ont parlé,* **chacun** *selon* **son** *sentiment.*

2° Il veut *leur, leurs,* quand il est avant le régime : *Ils ont apporté chacun* **leur** *offrande. Ils ont donné chacun* **leur** *avis. Donnez-leur à chacun* **leur** *part.*

297. Quand L'UN, L'AUTRE, sont employés séparément, *l'un* représente le premier nom exprimé, et *l'autre* représente le dernier : *Bertrand avec Raton,* **l'un** (Bertrand) *singe et* **l'autre** (Raton) *chat.*

OBSERVATIONS. Les pronoms ne doivent pas représenter un nom pris dans un sens indéterminé, c'est-à-dire, employé sans l'article, ou sans un adjectif déterminatif.

Ainsi on ne doit pas dire : *L'homme est* **animal qui** *raisonne. Si vous avez* **droit** *de parler, on ne vous* **le** *retirera pas.* Il faut dire : *L'homme est* **un** *animal* **qui** *raisonne. Si vous avez* **le** *droit de parler, on ne vous* **le** *retirera pas.*

On ne dira pas non plus : *Je vous fais grâce, quoique vous ne* **la** *méritiez pas.* Il faut dire : *Quoique vous ne* **le** *méritiez pas.* **Le** tient ici la place d'un membre de phrase, *Que je vous fasse grâce* (§ 272).

298. Quelquefois le déterminatif est sous-entendu avec un verbe accompagné d'une négation, avec *de* partitif, et avec la préposition *en,* signifiant *comme ;* alors le pronom s'accorde avec le nom auquel il se rapporte. *Il* **n'a point de** *livre qu'il n'ait lu. Il est accablé* **de** *maux qui lui font perdre patience. Il agit* **en** *père tendre qui se dévoue.*

CHAPITRE V.

DU VERBE.

ACCORD DU VERBE AVEC SON SUJET.

299. Règle générale. Tout verbe à un mode personnel doit avoir un sujet avec lequel il s'accorde en nombre et en personne : *Je ferai ce que vous ordonnerez. La religion veille sur les crimes secrets ; les lois veillent sur les crimes publics.*

300. Quand un verbe a plusieurs sujets au singulier, il se met au pluriel : *La jeunesse et l'inexpérience nous exposent à bien des fautes.*

301. Remarque. Quand les sujets du même verbe ne sont pas de la même personne, le verbe se met au pluriel et s'accorde avec la première personne ; s'il n'y a pas de première personne, il s'accorde avec la seconde ; mais alors on place devant le verbe le pronom *pluriel* de la personne avec laquelle il s'accorde.

Vous et moi, **nous** *lisons. Vous et votre frère,* **vous** *lisez. Vous, votre frère et moi,* **nous** *irons à la campagne. Vous ou moi,* **nous** *ferons telle chose. Le roi, l'âne ou moi,* **nous** *mourrons.*

Exceptions. I. Les pronoms *nous, vous,* employés pour *je, tu,* veulent le verbe au pluriel ; mais l'adjectif ou le participe qui s'y rapportent restent au singulier : *Nous, secrétaire d'État,* **avons** *été informé, etc. Mon fils,* **vous** *serez estimé, si* **vous êtes** *sage.*

II. Lorsqu'un verbe a pour sujets plusieurs noms qui ont à peu près la même signification, il s'accorde avec le dernier : *Son courage, son intrépidité étonne les plus braves.*

Dans ce cas les noms ne doivent pas être unis par la conjonction *et.*

III. Lorsqu'un verbe a pour sujets plusieurs noms qui se suivent par gradation, il s'accorde également avec le dernier, parce que le dernier semble comprendre tous les autres : *Ma fortune, ma vie* **est** *entre vos mains.*

Remarqué. Il en est de même quand tous les noms particuliers sont suivis et, pour ainsi dire, résumés par un des mots *personne, rien, tout,* etc., qui devient alors le véritable sujet.

Grands et petits, riches et pauvres, **personne** *ne* **peut** *se soustraire à la mort.*

Remords, craintes, périls, **rien** *ne m'a retenue.*

302. Lorsque plusieurs noms sujets d'un même verbe sont unis par la conjonction *ou,* le verbe peut se mettre au pluriel ou s'accorder seulement avec le dernier nom, selon le sens de la phrase.

1° Il se met au pluriel, lorsque l'on peut attribuer l'action ou la manière d'être à chaque sujet particulier : *Le temps* **ou** *la mort* **sont** *nos remèdes. La peur* **ou** *la misère* **ont** *fait commettre bien des fautes.*

2° Il s'accorde seulement avec le dernier sujet, lorsqu'on ne peut attribuer qu'à un seul l'action ou la manière d'être : *La douceur* **ou** *la violence en* **viendra** *à bout. La peur* **ou** *la misère lui* **a** *fait commettre cette faute. Mon oncle* **ou** *mon frère* **sera** *nommé à cette place.*

303. Quand deux sujets sont liés par une des conjonctions *comme, de même que, aussi bien que, plus que,* etc., le verbe s'accorde avec le premier, parce que

le second est sujet d'un verbe sous-entendu : *La vertu,* **de même que** *le savoir,* **a** *son prix*

304. Après *l'un et l'autre, ni l'un ni l'autre,* le verbe peut se mettre indifféremment au singulier ou au pluriel: mais, s'ils sont suivis d'un nom, ce nom reste au singulier : *L'un et l'autre y* **a** *manqué; l'un et l'autre* **sont** *venus. Ni l'un ni l'autre ne* **viendra,** *ne* **viendront.** *L'une et l'autre* **saison;** *l'une et l'autre* **armée;** etc.

REMARQUE. Après *ni l'un ni l'autre* ou après deux noms unis par la conjonction *ni,* le verbe doit être au singulier, quand on ne peut attribuer qu'à l'un d'eux l'action ou la manière d'être : *Ni l'un ni l'autre n'*est *mon père. Ni votre frère ni le mien ne sera nommé à cette place.*

305. Lorsque le verbe a pour sujet un collectif général, il s'accorde avec ce collectif : **L'armée** *des infidèles* **fut** *détruite.* **La pluralité** *des suffrages* **fut** *pour lui.* **La troupe** *des voleurs s'introduisit.*

306. Lorsque le verbe a pour sujet un collectif partitif ou un adverbe de quantité, il s'accorde avec le régime de ce collectif partitif ou de cet adverbe de quantité :

*Peu de gens néglig*ent *leurs intérêts. Une infinité de jeunes gens se perd*ent *par de mauvaises lectures. Une troupe de voleurs s'introduis*irent.

REMARQUE. I. Le nom qui règle l'accord du verbe est quelquefois sous-entendu : *Assez de gens méprisent le bien, mais peu* **savent** *le donner,* c'est-à-dire, *peu de gens savent,* etc.

II. Lorsque *la plupart* est suivi d'un verbe, d'un participe, d'un adjectif ou d'un pronom qui s'y rapporte, l'accord ne se fait point avec *la plupart,* mais avec le nom qui suit : *J'ai la plupart de mes livres reliés. La plupart du monde ignore ses véritables intérêts. La plupart des gens ne* **font** *réflexion sur rien.*

La plupart, employé seul, veut toujours le verbe au pluriel : *Le sénat fut partagé; la plupart voul***aient** *que... La plupart croi***ent** *que le bonheur est dans la richesse,* **ils** *se trompent.*

307. Lorsqu'un verbe a pour sujet le pronom relatif *qui,* il en prend le nombre et la personne, attendu que ce pronom est toujours du même nombre et de la même personne que son antécédent (§ 64).

Mon père **est venu.**	*C'est mon père* **qui est** *venu.*
Mon père et ma mère **sont** *venus.*	*C'est mon père et ma mère* **qui sont** *venus.*
Vous et moi nous lisons	*C'est vous et moi* **qui** *lisons.*
Mon fils, vous serez récompensé.	*Mon fils, c'est vous* **qui serez** *récompensé.*
Son courage, son intrépidité étonne...	*C'est son courage, son intrépidité* **qui** *étonne...*
Une infinité de jeunes gens se perdent...	*Il y a une infinité de jeunes gens* **qui** *se perdent...*

308. L'antécédent du pronom relatif ne peut être qu'un nom, ou un pronom, ou un adjectif précédé de l'article. Ainsi on dira : *C'est* **moi** *seul* **qui suis** *coupable,* parce que le pronom *moi* est l'antécédent de *qui;* mais on dira : *Vous êtes* **le seul qui** *soit coupable,* parce que le pronom relatif *qui,* dans cette phrase, a pour antécédent *le seul,* qui signifie *le seul individu.*

C'est par la même raison que l'on dira : **Nous** *étions trois* **qui partagions** *le même avis,* parce que le mot *trois* se rapporte à *nous* et qu'il est employé sans article; mais on dirait : *Nous sommes* **les** *trois* **qui** *partageaient le même avis,* parce que le mot *trois* est précédé de l'article.

309. Le pronom *ce* devant le verbe *être* veut ce verbe au singulier, excepté lorsqu'il est suivi immédiatement de la troisième personne du pluriel. On dit : *C'est moi, c'est toi, c'est lui, c'est nous, c'est vous qui ;* mais il faut dire : **Ce** *sont eux,* **ce** *sont elles,* **ce** *sont vos ancêtres qui ont bâti cette maison.*

Ce *sont les plaisirs et la gloire qu'il recherche.*

C'est la gloire et les plaisirs qu'il recherche.

Ce *sont les citoyens qui agirent.*

C'est comme citoyens qu'ils agirent.

310. Il faut dire : *C'est en Dieu* **que** *nous devons mettre notre espérance,* et non pas *en qui ; c'est à vous-même* **que** *je veux parler,* et non pas *à qui.* Dans ces deux phrases *que* n'est pas pronom relatif ; il forme avec *c'est* une sorte de conjonction composée, et dans ce cas le nom ou pronom est toujours précédé d'une préposition.

Par la même raison il faut dire : *C'est là* **que** *je vais ; c'est ici* **qu'il** *demeure,* et non *c'est là où je vais ; c'est ici où il demeure* (§ 145. Rem. I, et § 151. Rem. I).

Mais, s'il n'y a pas de préposition après le verbe, il faut employer le pronom relatif : *C'est Dieu en* **qui** *nous devons mettre notre espérance ; c'est vous-même à* **qui** *je veux parler.*

RÉGIME DES VERBES.

311. Un verbe ne peut avoir deux régimes directs. On ne dira pas : *Informez-vous ce qui se passe,* parce que les pronoms *vous* et *ce* seraient tous les deux régimes directs du verbe *informer.* Il faut dire : *Informez-vous* **de** *ce qui se passe.*

312. Un mot peut être régi par plusieurs verbes à la fois, pourvu que ces verbes ne demandent pas un régime différent :

Il attaqua, prit et pilla la ville. Il se repentit et rougit d'avoir ainsi parlé.

REMARQUE. On peut cependant remplacer ce régime par un pronom devant le second verbe et ceux qui suivent : *Il attaqua la ville,* **la** *prit et* **la** *pilla.*

313. Si tous les verbes ne demandent pas le même régime, il faut ne donner le nom pour régime qu'au premier verbe, et devant les autres mettre un pronom :

*Il attaqua la ville et s'***en** *empara. Il s'empara de la ville et* **la** *livra au pillage. Je vais à Versailles, et j'***en** *reviens en quatre heures.*

314. Lorsque le régime d'un verbe renferme plusieurs parties réunies par une des conjonctions *et*, *ou*, *ni*, ces parties doivent être des mots de même espèce, c'est-à-dire que toutes doivent être des noms, ou des infinitifs, ou des membres de phrase. Ainsi ne dites pas : *Il apprend la musique et à danser. Je crois vos raisons excellentes et que vous le persuaderez;* dites : *Il apprend la musique et* **la danse.** *Je crois* **que** *vos raisons* **sont** *excellentes et que vous le persuaderez.*

EMPLOI DES AUXILIAIRES.

315. L'auxiliaire *avoir* marque l'action : *J'ai aimé;* l'auxiliaire *être* marque l'état : *Je suis aimé.*

316. La plupart des verbes neutres qui expriment une action se conjuguent avec *avoir;* tels sont : *Régner, marcher, courir, vivre,* etc.

Quelques-uns cependant qui expriment une action

prennent *être ;* tels sont : *Arriver, venir, naître, partir,* etc.

D'autres qui expriment un état prennent *avoir,* comme *languir, dormir,* etc.

317. Un certain nombre prennent tantôt *avoir* et tantôt *être,* selon qu'ils expriment une action ou un état.

Il **a** demeuré six mois à Madrid (il n'y est plus).
Mon frère **est** demeuré à Paris pour y faire ses études (il y est encore).
Il **a** demeuré longtemps en chemin (il est arrivé).
Il **est** demeuré en chemin (il n'a pu continuer sa route).
Il **a** resté deux jours à Lyon (il en est parti).
Je l'attendais à Paris, mais il **est** resté à Lyon (il y est encore).
Il **a** passé en Amérique en tel temps (il a fait un voyage en Amérique).
Il **est** passé en Amérique depuis tel temps (il y reste).
La procession **a** passé par cette rue.
La procession **était** passée quand je suis arrivé, etc.

318. Dans les temps où le verbe *être* prend l'auxiliaire *avoir,* il se dit quelquefois pour *aller ;* mais avec cette différence que, dans *Il a été à Rome,* par exemple, *il a été* fait entendre qu'on y est allé et qu'on en est revenu ; et que, dans *Il est allé à Rome,* le verbe *il est allé* marque que celui dont on parle n'est pas encore de retour. On ne pourrait pas dire : *Il fut à Rome,* pour *Il a été à Rome.*

319. Quelques verbes neutres changent d'auxiliaire en changeant de signification.

320. Convenir, signifiant *demeurer d'accord,* prend l'auxiliaire *être ;* quand il signifie *plaire, être convenable,* il prend *avoir : Ce cheval m'**a** convenu et je **suis** convenu du prix avec le marchand.*

On dit passivement : *C'est chose convenue.*

321. Échapper. *Cette faute m'**a** échappé (je ne l'ai

pas remarquée). *Cetté faute m'est* échappée (je l'ai faite par imprudence, par négligence).

On dit indifféremment : *Un cri lui a échappé, lui est échappé. Sa canne lui a échappé, lui est échappée des mains. Cela m'avait échappé, m'était échappé de la mémoire.*

Un échappé de prison.

322. Expirer, dans le sens de *mourir, rendre l'âme,* prend l'auxiliaire *avoir : Il a expiré entre mes bras.*

Quand il signifie *prendre fin, être au terme de sa du-rée,* il prend *avoir* ou *être : Mon bail a expiré hier. Les délais sont expirés.*

323. Obéir, quoique neutre, s'emploie au passif : *Il veut être obéi. Madame, vous êtes obéie.*

324. Certains verbes neutres peuvent s'employer activement, c'est-à-dire, avec un régime direct ; ils prennent alors l'auxiliaire *avoir* dans leurs temps com-posés : *On a sorti le vin de la cave. J'ai rentré les fleurs. Il a monté les degrés.*

EMPLOI DES MODES ET DES TEMPS.

INDICATIF.

325. Le *présent* de l'indicatif, qui marque qu'une chose se fait au moment où l'on parle (§ 72), s'emploie aussi pour exprimer une chose qui se fait habituelle-ment : *Cette personne chante bien. J'écris mieux que je ne parle.*

Au passif on emploie souvent le présent au lieu du passé : *Mon devoir est fini.*

On se sert aussi du présent au lieu du futur, mais

seulement lorsqu'il s'agit d'une époque peu éloignée : *Il* **arrive** *ce soir. Je* **pars** *demain.*

On emploie aussi le présent pour le futur après la conjonction *si,* marquant une condition : **S'il arrive** *demain, je vous l'écrirai.*

Mais on dit : *Je ne sais* **s'il arrivera** *demain,* parce qu'ici la conjonction *si* marque le doute, et non la condition.

526. On emploie le présent à la place du passé pour donner plus de vivacité à un récit : *Turenne* **meurt,** *tout se* **confond,** *la fortune* **chancelle...**

Mais, quand on emploie ainsi le présent à la place du passé, il faut que tous les verbes qui sont en rapport dans la même phrase soient au présent. On ne pourrait pas dire : *Turenne meurt, tout se* **confondit,** *la fortune chancelle...*

327. Après un premier verbe au passé, suivi de *que,* on emploie le présent pour exprimer une maxime, un principe, une vérité générale, une chose qui se fait ou peut se faire dans tous les temps : *Il concluait que la sagesse* **vaut** *mieux que l'éloquence. Galilée a démontré que c'est la terre qui* **tourne.** *On a toujours été d'accord qu'il* **faut** *faire le bien et éviter le mal.*

Mais il faut employer l'imparfait, quand il ne s'agit que d'une supposition, d'une chose douteuse ou passagère, qui peut n'être pas vraie dans tous les temps, ou d'un sentiment individuel, d'une opinion particulière : *Un ancien a dit que le jugement de l'oreille* **était** *fort rigoureux. Ses douleurs lui rappelèrent qu'il* **était** *homme. Je savais que vous* **étiez** *à Paris et que vous* **repartiez** *bientôt. On m'a assuré que vous* **aimiez** *l'étude. On a cru longtemps que* **c'était** *le soleil qui* **tournait** *autour de la terre.*

328. On ne doit se servir du passé *défini* qu'en parlant d'un temps absolument écoulé et dont il ne reste plus rien. Ainsi ne dites pas : *j'étudiai aujourd'hui, cette semaine, cette année,* parce que le jour, la semaine, l'année, ne sont pas encore passés.

Ne dites pas non plus : *J'étudiai ce matin ;* il faut, pour le passé défini, qu'il y ait l'intervalle d'un jour ; mais on dit bien : *J'étudiai hier, la semaine dernière, l'an passé,* etc.

329. Le passé indéfini s'emploie indifféremment pour un temps passé, soit qu'il en reste encore une partie à s'écouler, ou non ; on dit bien : *J'ai étudié ce matin ; j'ai étudié hier ; j'ai étudié cette semaine ; j'ai étudié la semaine dernière,* etc.

330. Le passé *indéfini* s'emploie quelquefois à la place du futur passé : **Avez-vous bientôt fini ?** c'est-à-dire, *aurez-vous bientôt fini ? Attendez, j'ai fini dans un moment,* c'est-à-dire, *j'aurai fini dans un moment.*

331. Le futur passé s'emploie quelquefois pour le passé indéfini, quand on veut être moins affirmatif. *Vous vous* **serez trompé,** au lieu de : *Vous vous* **êtes trompé.**

CONDITIONNEL.

332. Après un temps passé on emploie le conditionnel présent à la place du futur : *Le Christ a dit qu'il* **viendrait** *juger les vivants et les morts.*

SUBJONCTIF.

333. Tout verbe employé au subjonctif est sous la dépendance d'un autre verbe ou d'une conjonction.

334. On emploie le subjonctif :

1° Après les verbes qui marquent le doute, l'incertitude, le commandement, le désir, la crainte, etc.

Je doute	
J'ordonne	} qu'il *parle.*
Je désire	

| Je crains | |
| J'appréhende | } qu'il ne *vienne.* |

2° Après un verbe accompagné d'une négation ou qui exprime une interrogation :

Je ne crois pas qu'il *vienne.*
Croyez-vous qu'il *vienne ?*

Cependant le verbe reste à l'indicatif après une interrogation qui n'est qu'une tournure de phrase employée pour appuyer ou nier avec plus de force :

Madame, oubliez-vous
Que Thésée *est* mon père et qu'il *est* votre époux ?

335. On emploie le subjonctif après les impersonnels *il faut, il importe, il convient, il suffit.* Il en est de même du verbe *être* employé impersonnellement et suivi d'un adjectif, excepté *sûr, certain, vrai, évident,* et quelques autres qui ont un sens positif :

Il faut	
Il importe	
Il convient	
Il suffit	} Que vous *partiez.*
Il est juste	
fâcheux	
nécessaire, etc.	

336. Le verbe se met au subjonctif après les pronoms relatifs *qui, que, dont,* et l'adverbe *où,* précédés des mots *le plus, le moins, le mieux, le premier, le dernier, le seul, le peu,* etc., quand on veut exprimer une chose incertaine ou seulement probable. *C'est le plus honnête homme que je* **connaisse.** *C'est le seul homme qui* **vive** *de la sorte.*

Mais on emploie l'indicatif, si l'on veut énoncer quelque chose de certain, de positif : *Cet enfant est le plus laborieux des élèves qui* **sont** *dans cette classe. C'est la seule loi qu'il* **faut** *suivre.*

Remarque. L'emploi du subjonctif ou de l'indicatif après un pronom relatif et l'adverbe *où* peut changer le sens de la phrase :

J'irai dans une retraite où je *serai* tranquille.	J'irai dans une retraite où je *sois* tranquille.
Je désire une place qui *est* agréable.	Je désire une place qui *soit* agréable.
Je cherche quelqu'un qui me *rendra* service.	Je cherche quelqu'un qui me *rende* service.
C'est le plus habile ouvrier que *j'ai employé.*	C'est le plus habile ouvrier que *j'aie employé.*

337. On emploie toujours le subjonctif après *quel que, quelque... que, si... que,* employé pour *quelque... que, qui que, quoi que : Quel que* **soit** *son crédit. Quelque riche qu'il* **soit.** *Si habile que vous* **soyez.** *Qui que vous* **soyez.** *Quoi que vous* **fassiez.**

338. On met aussi le verbe au subjonctif après la conjonction *quoique,* après certaines conjonctions composées, *avant que, pourvu que, soit que, afin que,* etc., et après *que* tenant lieu d'une autre conjonction : *Quoiqu'il* **ait** *réussi, on le méprise. Avant que je* **fusse** *arrivé. Sans qu'on s'en* **aperçoive.** *Si vous vouliez et que vous* **puissiez.**

339. Les conjonctions composées *de façon que, de manière que, de sorte que,* veulent le verbe au subjonctif, quand il s'agit d'une chose douteuse ou qui n'est pas encore arrivée.

Il faut toujours se conduire { de façon / de sorte / de manière } qu'*on n'ait aucun reproche à se faire.*

Elles veulent l'indicatif, quand la chose dont on parle est sûre et qu'elle se rapporte au présent ou au passé :

Il s'est conduit { de façon / de sorte / de manière } qu'*il n'a aucun reproche à se faire.* qu'*il a obtenu l'estime des honnêtes gens.*

EMPLOI DES TEMPS DU SUBJONCTIF.

340. Quand le premier verbe est au présent ou au futur, mettez au présent du subjonctif le second verbe qui est après *que* pour exprimer un présent ou un futur, et au passé pour exprimer un passé (1) :

Il faut / Il faudra } *que vous* **soyez** *plus attentif.*

Je ne crois pas / Je ne croirai pas } *que vous* **ayez fait** *votre devoir.*

---

(1) Après un premier verbe au présent ou au futur, on met le second verbe à l'imparfait du subjonctif :

1° Quand on veut marquer une condition : *Supposons qu'il consentît à partir. Il n'y a aucun de ses sujets qui ne craigne de le perdre et qui ne hasardât sa propre vie pour conserver celle d'un si bon roi.*

2° Quand on veut marquer une chose comme passée, par rapport à un temps présent : *Je ne pense pas qu'il fût alors aussi riche que maintenant. Je pense qu'il n'était pas.. Crois-tu que je ne connusse pas cet événement ? Est-ce que tu crois que je ne connaissais pas...?*

341. Quand le premier verbe est à un temps passé ou à l'un des conditionnels, mettez le second verbe à l'imparfait du subjonctif pour exprimer un présent ou un futur, et au plus-que-parfait pour exprimer un passé (1) :

Il fallait
Il fallut
Il a fallu
Il eût fallu } *que vous* **fussiez** *plus attentif.*
Il aurait fallu
Il faudrait
Il aurait fallu

Je voulais.
J'ai voulu } *que vous* **fussiez arrivé** *avant mon départ.*
J'aurais voulu, etc.

CHAPITRE VI.

DU PARTICIPE.

PARTICIPE PRÉSENT ACTIF.

342. Le participe présent actif est toujours terminé en *ant*, comme *aimant*, *finissant*, *recevant*, *rendant* (§ 141, 1°).

Le participe présent actif, employé comme verbe, ne varie jamais, c'est-à-dire qu'il ne prend ni genre, ni nombre :

Un homme lisant.   *Une femme* lisant.
Des hommes lisant.   *Des femmes* lisant.

---

(1) Après un premier verbe au passé on emploie le présent au lieu de l'imparfait du subjonctif, pour marquer une chose qui se fait ou peut se faire dans tous les temps : *Où* **avez-vous vu** *que les gens ruinés* **aient** *des amis ? C'était une des plus belles fêtes que l'on* **puisse** *voir.*

343. Le participe présent actif, employé comme adjectif, c'est-à-dire, pour marquer simplement la qualité, suit la règle d'accord des adjectifs. On l'appelle alors adjectif *verbal* (1) :

Un homme obligeant.   *Une femme* obligeante.
Des hommes obligeants.   *Des femmes* obligeantes.

344. Le qualificatif en *ant* est participe et invariable,
1° Quand il a un régime :

Des hommes prévoyant *le danger.*
Une femme obligeant *tout le monde.*
Une personne médisant *de chacun.*
Des enfants reconnaissant *leurs torts.*

2° Quand il est précédé du mot *en*, ou accompagné d'une négation :

Les jeunes gens se forment l'esprit **en** lisant *de bons livres.*
C'est une personne d'un bon caractère, **ne** grondant, **ne** contredisant, **ne** désobligeant *jamais.*

345. Le qualificatif en *ant* est ordinairement adjectif verbal, et par conséquent variable, quand il n'a pas de régime :

Des hommes prévoyants.
Une femme obligeante.
Une personne médisante.
Des enfants reconnaissants (2) *envers leurs maîtres.*

---

(1) L'orthographe de sept adjectifs verbaux diffère de celle des participes présents correspondants :

PARTICIPES PRÉSENTS.	ADJECTIFS VERBAUX.
Convainquant.	Convaincant.
Extravaguant.	Extravagant
Fabriquant.	Fabricant.
Fatiguant.	Fatigant.
Intriguant.	Intrigant.
Suffoquant.	Suffocant.
Vaquant.	Vacant.

(2) Il ne faut pas oublier la distinction établie (§ 115, § 120) entre le régime et le complément.

OBSERVATION. Dans la construction de la phrase, l'adverbe se place *après* le participe ; au contraire il se place *avant* l'adjectif verbal. Ainsi, quand le qualificatif en *ant* sera accompagné d'un adverbe, la place de cet adverbe fera voir si le qualificatif est participe et invariable, ou bien adjectif verbal et variable.

On écrira sans faire accorder, en mettant l'adverbe après le qualificatif :

> *Des hommes* pensant bien.
> *Des expressions* sonnant mal.
> *La plaine* retentissant au loin.
> *Les plaisirs* renaissant en foule.

Mais on écrira avec l'accord, en mettant l'adverbe avant le qualificatif :

> *Des hommes* bien *pensants.*
> *Des expressions* mal *sonnantes.*
> *La plaine* au loin *retentissante.*
> *Les plaisirs* en foule *renaissants.*

PARTICIPE PASSÉ ACTIF.

Ayant aimé, ayant fini, ayant reçu, ayant rendu (§ 108).

346. Le participe passé actif ne s'accorde pas avec le nom ou pronom auquel il se rapporte : *Une femme ayant* **lu**, *des femmes ayant* **lu** (§ 141, 2°).

347. Dans les temps composés des verbes actifs (1), il ne s'accorde jamais avec le sujet du verbe :

> *Mon père a écrit une lettre.*   *Ma mère a écrit une lettre.*
> *Mes frères ont écrit une lettre.*   *Mes sœurs ont écrit une lettre.*

---

(1) *J'ai* aimé, c'est-à-dire, *je* suis ayant *aimé ; j'*avais *fini*, c'est-à-dire, *j'*étais ayant *fini. (Voir* § 67 et § 111.)

Écrit ne change point, quoique le sujet soit masculin ou féminin, singulier ou pluriel.

348. Le participe passé actif s'accorde toujours avec son régime direct, quand ce régime est devant le participe :

> *La lettre* **que** *vous avez écrite, je* **l'**ai *lue.*
> *Les livres* **que** *j'avais prêtés,* **on les** *a rendus.*
> **Quelle affaire** *avez-vous entreprise?*
> **Combien d'ennemis** *n'a-t-il pas vaincus!*
> *La sentinelle* **nous** *ayant aperçus donna l'alarme.*

On voit que le régime direct mis devant le participe est ordinairement un des pronoms *que, me, te, le, la, les, nous, vous,* ou bien un nom précédé de *quel* ou d'un adverbe de quantité, comme *combien de,* etc.

349. Mais quand le régime direct est placé après le participe, ce participe ne s'accorde pas avec le régime :

J'ai écrit *une lettre.*	**J'ai écrit** *des lettres.*
Vous **avez acheté** *un livre.*	*Vous* **avez acheté** *des livres.*

Écrit, acheté, ne changent point, quoique le régime direct soit singulier ou pluriel, masculin ou féminin, parce que ce régime est après le participe.

350. Le participe des verbes neutres qui se conjuguent avec *avoir* est toujours invariable, parce que ces verbes n'ont jamais de régime direct : *Ils ont* **succédé**; *elles ont* **régné**, etc.

Cependant quand les verbes neutres ont un sens actif, ils suivent la règle des verbes actifs : *Les dangers* **qu'**il *a courus; les enfants* **qu'**il *a pleurés.* Mais on écrira sans faire accorder le participe : *Les deux lieues qu'il a couru; que* est mis pour *pendant lesquelles.*

351. Dans les verbes pronominaux, le verbe *être* est

employé pour *avoir ;* le participe de ces verbes suit les mêmes règles que le participe des verbes conjugués avec *avoir,* c'est-à-dire qu'il s'accorde avec son régime direct, quand il en est précédé, et qu'il reste invariable, quand il n'en est pas précédé.

Ainsi l'on écrira avec accord :

Ils **se** sont repentis (§ 135, II).
Ils **se** sont rendus aux vainqueurs. — Ils ont rendu *eux* (§ 136).

Mais on écrira sans accord :

Ils **se** sont **nui.** — Ils ont nui *à eux.*
Ils **se** sont **rendu** justice. — Ils ont rendu justice *à eux.*

352. Le participe des verbes impersonnels ou employés impersonnellement est toujours invariable : *Les pluies qu'il y a* **eu** ; *les froids qu'il a* **fait** ; *il s'est* **glissé** *des erreurs.*

PARTICIPES PASSIFS.

353. Les deux participes passifs, employés sans auxiliaire, ou accompagnés de l'auxiliaire *être,* s'accordent en genre et en nombre avec le nom ou pronom auquel ils se rapportent (§ 141, 1°).

Un enfant aimé.	*Une fille chérie.*
Des enfants aimés.	*Des filles chéries.*
Mon frère a été puni.	*Ma sœur a été punie.*
Mes frères ont été punis.	*Mes sœurs ont été punies.*

354. Le participe passé des verbes neutres qui se conjuguent avec *être* suit la même règle :

Mon frère est tombé.	*Ma sœur est tombée.*
Mes frères sont tombés.	*Mes sœurs sont tombées.*

RÈGLES PARTICULIÈRES.

355. Le participe placé entre deux *que* reste invariable, parce qu'il a pour régime le membre de phrase qui le suit : *L'hôte se voyait sevré de la dépense* **qu'il** *avait compté* **que** *je ferais chez lui*. Il n'avait pas compté *la dépense;* il avait compté *que je ferais de la dépense*.

356. Le participe suivi d'un infinitif s'accorde, quand il a pour régime direct le pronom qui précède : *Je* **les** *ai vus porter de lourds fardeaux* : J'ai vu qui ? *eux porter de lourds fardeaux.*

Mais il ne s'accorde pas, quand il a pour régime direct l'infinitif qui suit. *Je* **les** *ai vu* **porter** *en triomphe par la foule.* J'ai vu quoi ? *porter eux en triomphe.*

On écrira de même avec accord :

Nous **les** *avons laissés faire leur devoir.*

Et sans accord :

Ils étaient punis pour les maux **qu'ils** *avaient* **laissé** *faire.*

REMARQUE. Il faut observer ces deux dernières règles, quand il y a une préposition entre le participe et l'infinitif :

Ainsi l'on écrira avec accord :

Il aimait la gloire, mais il **l'**avait *mise à faire du bien.*
Voilà les difficultés **qu'il** *a* **eues** *à vaincre les ennemis.*

Et sans accord :

Les vices que j'ai **résolu** *d'éviter.*
Voilà les difficultés qu'il a **eu** *à vaincre*

357. Le participe *fait*, immédiatement suivi d'un infinitif, ne change pas :

Je les ai **fait** *partir. Cette femme s'est* **fait** *peindre.*

358. Quelquefois un infinitif est sous-entendu après les participes des verbes *devoir, pouvoir, vouloir.* Dans ce cas le participe reste invariable, parce qu'il a pour régime direct l'infinitif sous-entendu :

Je leur ai donné toutes les explications $\left\{\begin{array}{l}\text{que j'ai } d\hat{u} \\ \text{que j'ai } pu \\ \text{que j'ai } voulu\end{array}\right\}$ (leur donner)

Mais on écrira avec accord : *Il m'a payé toutes les sommes* **qu'**il m'a **dues.** *Il veut fortement les choses* **qu'**il a une fois **voulues**, parce qu'il n'y a point d'infinitif sous-entendu après le participe.

359. Le participe précédé d'un adverbe de quantité s'accorde avec le nom ou pronom qui est le régime de cet adverbe : **Autant d'ennemis** *il a attaqués,* **autant** *il en* a **vaincus.**

360. Le participe ne change pas quand il a pour régime direct *l'* représentant un membre de phrase (§ 272) : *Cette maison n'est pas aussi belle que je* **l'***avais* **pensé,** c'est-à-dire, *que j'avais pensé qu'elle était belle.*

361. Le peu a deux significations ; il signifie *la petite quantité*, ou bien il veut dire *le trop peu, la trop petite quantité.*

1° Quand *le peu* signifie *la petite quantité*, le participe s'accorde avec le régime de *le peu : Le peu d'***eau que** *j'ai* **bue** *a calmé ma soif.*

2° Quand *le peu* signifie *le trop peu, la trop petite quantité*, le participe s'accorde avec *le peu.* **Le peu** *d'eau* **que** *j'ai* **bu** *n'a pas suffi pour me désaltérer.*

362. *Peser,* signifiant *examiner la pesanteur d'un objet,* ou bien *examiner attentivement une chose, et va-*

loir, signifiant *procurer*, sont actifs : leurs participes suivent la règle générale : *Les ballots* **qu'on a pesés**. *Les honneurs* **que** *ma conduite m'a valus*. Mais *peser*, signifiant *avoir un certain poids*, et *valoir* signifiant *être d'un certain prix*, sont neutres et ont leurs participes invariables. *Les cent kilogrammes que ce ballot a* **pesé**. *Ce tableau ne vaut plus la somme qu'il a* **valu** (1).

363. Les participes *attendu, compris, excepté, passé, supposé, vu*, sont invariables, quand ils sont devant le nom : *Attendu les événements;* **vu** *les faits.*

Ces participes sont invariables, parce qu'un fréquent usage a fait sous-entendre l'auxiliaire *ayant*. Par exemple, quand on dit : *Il a vendu tous ses biens,* **excepté** *sa maison*, cela signifie : *Il a vendu tous ses biens,* **ayant** *excepté sa maison.*

C'est ainsi que l'on dit : *Approuvé l'écriture; payé cent francs à*, etc.

Mais on doit dire avec accord : *Des événements attendus; des faits vus; écriture approuvée; cent francs payés*, etc., parce que ces mots sont alors des participes passifs qui s'accordent avec le nom auquel ils se rapportent (§ 353).

364. *Ci-joint, ci-inclus* restent invariables, quand le nom qui suit est employé sans article, ou bien quand ils commencent la phrase : *Vous trouverez* **ci-joint**, **ci-inclus** *copie de sa lettre.* **Ci-joint** *l'expédition du jugement.*

---

(1) On lit dans le *Dictionnaire de l'Académie*, au mot *coûter.* « Le verbe *coûter* étant neutre n'a point de participe; cependant plusieurs personnes écrivent : *Les vingt mille francs que cette maison m'a coûtés; la peine que ce travail m'a coûtée.* L'exactitude grammaticale exige *a coûté.* »

Mais avant l'article ou un équivalent, ou bien quand ils sont placés après le nom, ces participes prennent l'accord : *Vous trouverez ci-jointe, ci-incluse* **la** *copie,* **une** *copie du traité. Les pièces ci-jointes, ci-incluses.*

—

CHAPITRE VII.

DE LA PRÉPOSITION.

365. A, placé entre deux nombres, en laisse supposer un ou plusieurs entre les deux : *Vingt* **à** *trente personnes ; quinze* **à** *vingt francs.*

Il se place aussi entre deux nombres qui se suivent, lorsqu'ils se rapportent à des choses qui peuvent se diviser par fractions : *Deux* **à** *trois livres de sucre ; cinq* **à** *six lieues.* Mais on dit : *Cinq* **ou** *six personnes ; onze* **ou** *douze volumes.*

366. **A,** DE. On peut dire également : *C'est à moi* **à** *parler* et *c'est à moi* **de** *parler* (c'est mon droit, mon devoir). Mais l'idée de tour s'exprime toujours avec *à* : *C'est à vous* **à** *parler* (voici votre tour de parler.)

On dit également : *Commencer* **à** *et commencer* **de** pour désigner une action qui aura de la durée : *Commençons* **de** *dîner,* **à** *dîner.*

Mais on emploie toujours *commencer à* pour désigner une action qui aura du progrès, de l'accroissement : *Cet enfant commence* **à** *parler.*

Ne dites pas : *Le livre à mon frère, la maison au voisin,* mais *Le livre* **de** *mon frère, la maison* **du** *voisin.*

Ne dites pas non plus : *Une bague en or, un tube en verre, une maison bâtie en pierre, en brique*, mais *Une bague* **d'**or, *un tube* **de** *verre, une maison bâtie* **de** *pierre,* **de** *brique.*

Il faut dire : *J'ai déjeuné* **d'**un pâté, j'ai dîné **d'**un poulet, et non *avec un pâté, avec un poulet.*

367. PRÈS DE, PRÊT À. Il ne faut pas confondre la préposition *près de*, qui signifie *sur le point de*, avec l'adjectif *prêt à* qui signifie *disposé à. Nous sommes souvent plus* **près de** *mourir que* **prêts à** *mourir.*

On ne peut pas dire : *Ce mur est* **prêt à** *tomber*, mais *est* **près de** *tomber.*

368. DE, précédant un adjectif, un participe passif, etc., peut ordinairement se résoudre par un pronom relatif suivi du verbe être : *Il y eut mille hommes* **de** (qui furent) *tués. Je ne vois rien là* **de** (qui soit) *bien étonnant. Je ne vois rien* **de** (qui soit) *mieux.*

369. AU TRAVERS est suivi de la préposition *de : Au travers* **des** *ennemis ; à travers* n'en est pas suivi : *A travers* **les** *ennemis.*

370. HORS, PRÈS, PROCHE, VIS-À-VIS, veulent être suivis de la préposition *de : Hors* **de** *la ville ; être logé près* **de** *l'église ; vis-à-vis* **de** *la mairie.*

Quoique *près* doive être suivi de la préposition *de*, cependant il est d'usage de supprimer celle-ci dans plusieurs phrases : *Être logé* **près** *le Palais-Royal ;* **près** *et* **par** *Nancy.*

Vis-à-vis ne peut s'employer dans le sens de *envers, à l'égard de*. Ne dites donc pas : *Il a mal agi vis-à-vis de moi*, mais *Il a mal agi* **envers** *moi.*

371. EN, DANS. *En* sert à marquer le temps qu'on

emploie à faire une chose : *Il arrivera* **en** *trois jours,* c'est-à-dire, *son voyage durera trois jours. Dans* exprime à quelle époque on la fera : *Il arrivera* **dans** *trois jours,* c'est-à-dire, *au bout de trois jours.*

572. Ne confondez pas *à la campagne* et *en campagne;* ce dernier se dit du mouvement des troupes : *L'armée est* **en** *campagne.* Il signifie aussi se donner des mouvements pour quelque chose : *Il s'est mis* **en** *campagne pour découvrir la demeure de cette personne;* mais il faut dire : *Je vais* **à** *la campagne. J'ai passé l'été* **à** *la campagne.*

Être à la ville, c'est n'être pas à la campagne; *être en ville,* c'est n'être pas actuellement chez soi : *Il passe la belle saison à la campagne et l'hiver* **à** *la ville. Il est* **en** *ville pour ses affaires.*

573. Quant, Quand. *Quant* est suivi de *à* et signifie *pour, pour ce qui est de :* **Quant à** *moi;* **quant à** *cette affaire.*

Quand est une conjonction et signifie *lorsque, à quelle époque? J'irai vous voir,* **quand** *je pourrai.* **Quand** *viendrez-vous?*

374. Voici, voila. *Voici* sert à désigner un objet rapproché; *voilà* sert à marquer un objet un peu éloigné. **Voici** *votre livre,* **voilà** *le mien.*

Voici se rapporte aussi à ce que l'on va dire, et *voilà,* à ce qui a été dit : **Voilà** *les services que je lui ai rendus, et* **voici** *quelle a été ma récompense.*

Remarque. Les prépositions *voici, voilà* sont dérivées du verbe *voir (vois ici, vois là);* c'est pourquoi lorsque le régime est un pronom, il se met devant la préposition : **Me** *voici.* **Le** *voilà qui arrive. Le livre* **que** *voici. L'homme* **que** *voilà.*

375. Les prépositions *à, de, en,* se répètent devant chaque régime : *Il aime* **à** *lire et* **à** *écrire. Il a besoin* **de** *vous et* **de** *lui. J'irai* **en** *Suisse et* **en** *Italie.*

Les autres prépositions ne se répètent ordinairement que devant les régimes qui ont une signification différente ou opposée : *Dans la paix et* **dans** *la guerre; par la force ou* **par** *la douceur.* Mais on dirait : *Dans la mollesse et l'oisiveté; par la force et la violence.*

376. Aucune préposition ne doit se répéter, quand les noms qui forment son régime désignent un seul objet : *Lisez la fable* **de** *La Laitière et le Pot au lait.*

Remarques. I. Quand on ne répète pas *sans,* on le remplace par *ni : Sans force et sans vertu. Sans force* **ni** *vertu.*

II. Il y a des prépositions qui s'emploient quelquefois comme adverbes, c'est-à-dire, sans régime, comme *après, devant, autour, depuis,* etc. : *Vous irez* **devant,** *et lui* **après.** *Je ne l'ai point vu* **depuis.**

CHAPITRE VIII.

DE L'ADVERBE.

377. Ne confondez pas *autour* et *alentour. Autour* est une préposition, et elle est toujours suivie d'un régime : **Autour** *d'un trône. Alentour* n'est qu'un adverbe, et n'a point de régime : *Il était sur son trône, et ses fils étaient* **alentour.**

378. Ne confondez pas *avant* et *auparavant. Avant* est une préposition, et elle est suivie d'un régime : **Avant** *l'âge;* **avant** *le temps;* **avant** *de partir. Au-*

paravant n'est qu'un adverbe, et n'a point de régime : *Ne partez pas sitôt, venez me voir* **auparavant.**

379. Ne dites pas non plus : **Dessus** *la terre;* **dessous** *le ciel;* **dedans** *la maison;* **dehors** *la ville. Dessus, dessous, dedans, dehors,* ne sont que des adverbes et n'ont point de régime ; il faut dire : **Sur** *la terre;* **sous** *le ciel;* **dans** *la maison;* **hors de** *la ville.* Mais on dira : *Il n'est ni dessus, ni dessous; il n'est ni dedans, ni dehors.*

Remarques. I. *Dessus, dessous,* s'emploient comme prépositions, quand ils sont précédés de la préposition *de. Otez cela* **de dessus** *la table,* **de dessous** *le buffet.*

II. *Dessus, dessous,* s'emploient aussi comme prépositions, quand ils sont mis en opposition : *Il n'est ni* **dessus,** *ni* **dessous** *la table.*

380. Aussitôt est un adverbe et ne peut avoir de régime. Ne dites pas : **Aussitôt** *votre départ,* mais *aussitôt après votre départ.*

Cependant il s'emploie comme préposition devant un nom suivi d'un participe passif. **Aussitôt** *votre lettre reçue, j'ai fait votre commission.*

381. Plus et davantage ne s'emploient pas toujours l'un pour l'autre : *davantage* ne peut être suivi de la préposition *de,* ni de la conjonction *que.* On ne dit pas : *Il a davantage de brillant que de solide,* mais **plus** *de brillant;* on ne dit pas : *Il se fie davantage à ses lumières qu'à celles d'autrui,* mais *il se fie* **plus** *à ses lumières qu'à celles d'autrui.*

Mais on dirait également : *Si la science est estimable, la vertu l'est bien* **davantage,** ou *bien* **plus.**

En outre, *davantage* ne peut pas s'employer pour *le*

plus. On ne doit pas dire : *De ces deux enfants, voilà celui que j'estime davantage.* Il faut dire : *Que j'estime* **le plus.**

382. PLUS TÔT, PLUTÔT. *Plus tôt,* écrit en deux mots, est le comparatif de *tôt* et l'opposé de *plus tard : Tâchez d'arriver* **plus tôt** *que plus tard.*

Plutôt, en un seul mot, avec le retranchement de l's, marque la préférence : **Plutôt** *mourir que de faire une lâcheté.*

Dans cette phrase : *Il* **ne fut pas plutôt** *arrivé qu'il repartit, plutôt* ne marque pas la préférence ; cela veut dire : *Dès qu'il fut arrivé,* etc.

383. TOUT A COUP, TOUT D'UN COUP. *Tout à coup* signifie *soudainement, en un moment : Ce mal l'a pris* **tout à coup.**

Tout d'un coup signifie *en une seule fois : Il gagna mille écus* **tout d'un coup.**

384. TRÈS, BIEN. *Très* ne peut se mettre que devant un adjectif ou un adverbe : **Très-**sage, **très-**sagement. *Il fait* **très-**froid. Devant les noms on met *bien*. Ne dites donc pas : *J'ai très-faim, très-soif,* mais *J'ai* **bien** *faim,* **bien** *soif.*

385. Où, adverbe, signifie *en quel lieu : Je ne sais* **où** *il est.* **Où** *allez-vous?*

Il s'emploie en place des pronoms relatifs *lequel, laquelle, lesquels, lesquelles ;* il est alors précédé d'une des prépositions, *de, par,* et ne se dit que des choses : *Les endroits* **par où** *nous passons. Le mauvais pas* **d'où** *il s'est tiré.*

Il s'emploie aussi en place des pronoms relatifs et d'une des prépositions *à, dans, vers,* etc. : *Le temps* **où** *nous sommes. Le but* **où** *il tend. Les piéges* **où** *il s'est laissé prendre.*

REMARQUE. *D'où* s'emploie pour marquer la *séparation, l'éloignement : Le lieu* **d'où** *je viens; la chambre* **d'où** *il est sorti.*

Mais on emploie *dont* pour marquer l'idée *d'être né, d'être issu. La famille* **dont** *il est sorti. Les héros* **dont** *il tire son origine.*

386. Après les verbes *empêcher, éviter, prendre garde, garder,* quand ils sont suivis de *que,* le second verbe est toujours accompagné de *ne : Empêchez qu'il* **ne** *sorte. Évitez qu'il* **ne** *vous voie. Prenez garde qu'il* **ne** *le fasse.*

Mais si *prendre garde* signifie *faire réflexion,* on ne met pas *ne* devant le second verbe : *Prenez garde qu'il dit ce qu'il pense.*

387. On met également *ne* après *craindre, trembler,* etc., après *autre, autrement,* et les comparatifs *plus, mieux, moins. Je crains qu'il* **ne** *vienne. Il parle autrement qu'il* **ne** *pense. Il est moins riche, plus riche qu'on* **ne** *croit.*

Mais, s'il y a une négation dans le premier membre de phrase, on ne met pas *ne* dans le second. *Il* **ne** *parle* **pas** *autrement qu'il agit. Il n'est* **pas** *moins riche, plus riche qu'il l'était.*

388. Quand le verbe *douter* est accompagné d'une négation, on met ordinairement *ne* dans le second membre de phrase : *Je* **ne** *doute* **pas** *que cela* **ne** *soit.*

389. Après les verbes *nier, disconvenir, ne pas empêcher,* et *douter* employé interrogativement, on peut indifféremment mettre ou ne pas mettre *ne. Je ne nie pas, je ne disconviens pas que cela soit, que cela* **ne** *soit.*

Je n'empêché pas qu'il sorte, qu'il **ne** *sorté. Doutez-vous que je sois malade, que je* **ne** *tombe malade?*

390. Le verbe *défendre* et les conjonctions *avant que, sans que,* ne sont jamais suivis de *ne. Je défends qu'il sorte. J'irai le voir avant qu'il parte.*

391. Après *à moins que, de crainte que, de peur que,* on emploie toujours la négation *ne. Il n'en fera rien, à moins que vous* **ne** *lui parliez.*

Remarque. Après *craindre, trembler, appréhender, avoir peur,* on met seulement *ne* quand il s'agit d'un effet qu'on ne désire pas. *Je crains que vous* **ne** *perdiez votre procès;* mais on met *ne... pas, ne... point,* lorsqu'il s'agit d'un effet qu'on désire : *Je crains que ce fripon* **ne** *soit* **pas** *puni.*

On doit observer la même règle après *de crainte que, de peur que.* Ainsi lorsqu'on dit : *De crainte qu'il* **ne** *perde son procès,* on souhaite qu'il le gagne ; et *De crainte qu'il* **ne** *soit* **pas** *puni,* on souhaite qu'il le soit.

—

CHAPITRE IX.

DE LA CONJONCTION.

392. Et s'emploie pour lier entre elles les parties semblables du discours, ou les membres de phrase de même espèce : *Bon* **et** *beau. Vous* **et** *moi. Il chante* **et** *il danse. Il aime le jeu* **et** *les plaisirs,* etc.

393. Ni signifie *et ne... pas,* et s'emploie dans les mêmes cas que *et* : **Ni** *bon* **ni** *beau.* **Ni** *vous* **ni** *moi. Il ne chante* **ni** *ne danse. Il n'aime* **ni** *le jeu* **ni** *les plaisirs.*

394. On n'emploie pas *et* entre deux membres de phrase qui commencent l'un et l'autre par un comparatif. Ne dites donc pas : *Plus il est savant* **et** *plus il est modeste ; moins vous en direz* **et** *plus il en fera ;* mais dites sans la conjonction : *Plus il est savant, plus il est modeste ; moins vous en direz, plus il en fera.*

395. PARCE QUE, en deux mots, signifie *attendu que, par la raison que : Je le veux,* **parce que** *cela est juste.*

PAR CE QUE, en trois mots, veut dire *par la chose, par les choses que :* **Par ce qu'**il *m'a dit, j'ai deviné ce qu'il voulait me taire.* (*Que* est ici un pronom relatif qui a pour antécédent *ce.*)

396. QUOIQUE, en un seul mot, est une conjonction et signifie *bien que :* **Quoiqu'**il *soit pauvre, il est honnête homme.*

QUOI QUE, en deux mots, est formé de deux pronoms et signifie *quelque chose que :* **Quoi que** *vous fassiez.*

397. MALGRÉ QUE n'est plus employé que dans cette expression : *Malgré que j'en aie,* etc., qui signifie *en dépit de moi : Malgré qu'il en ait, nous savons son secret.* Ne dites donc pas : *Malgré qu'il fasse,* mais dites : *Quoi qu'il fasse.*

398. QUE, conjonction, s'emploie :

1° Entre deux membres de phrase, pour marquer que le second est régime du premier : *Je crois* que *l'âme est immortelle.*

Quelquefois le premier verbe est sous-entendu : (Je veux) qu'*il parte.* (Je désire) que *Dieu vous protége !*

2° Pour lier les deux termes d'une comparaison : *Il est plus heureux* que *sage.*

3° Pour *afin que,* après l'impératif : *Approchez,* que *je vous parle.*

4° Pour *depuis que,* après *il y a : Il y a deux ans* que *je ne l'ai vu.*

5° Pour *puisque*, après une interrogation : *Qu'avez-vous, que vous ne mangez pas ?*

6° Pour *et cependant* : *Il serait le premier qu'il ne serait pas encore content.*

7° Pour *combien, pourquoi* : *Que vous a coûté ce livre ? Que tardez-vous ?*

8° Pour *à moins que, avant que, sans que* : *Je n'irai point là que tout ne soit prêt.*

9° Pour *de peur que* : *Retirez-vous, qu'il ne vous maltraite.*

10° Pour *lorsque* : *Je lui parlai* qu'il était encore au lit.

11° Pour *soit que* : *Qu'il perde son procès ou qu'il le gagne, il partira.*

12° Pour *comme, si, quand, lorsque, puisque,* etc., lorsqu'il y a plusieurs membres de phrase de suite qui commencent par ces mots : Quand *on est jeune, et* qu'*on se porte bien...* Si *vous voulez, et* que *vous puissiez.*

Il entre encore dans un certain nombre d'expressions particulières à notre langue, telles que : *Insensé* que *j'étais ; la cruelle* qu'*elle est. Ne... que,* signifiant *seulement : Je ne veux* que *le voir. Cela ne laisse pas* que *de : C'est se tromper* que *de croire ;* que *s'il m'allègue...* etc.

Enfin *que* se joint avec d'autres mots pour former des *conjonctions composées,* telles que *afin que, supposé que...* etc.

RÉGIME DES CONJONCTIONS.

399. Parmi les conjonctions, les unes veulent le verbe suivant au subjonctif, les autres à l'indicatif.

Voici celles qui régissent le subjonctif :

Soit que, sans que, quoique, bien que, jusqu'à ce que, encore que, à moins que, pourvu que, supposé que, en cas que, loin que, pour peu que, soit que, avant que, non pas que, afin que, pour que, de peur que, de crainte que, si peu que, et en général quand on marque quelque doute ou quelque souhait : *comme : Je souhaite, je doute que cet enfant soit jamais savant.*

FIN.

TABLE DES MATIÈRES.

	PAGES
AVERTISSEMENT	V
INTRODUCTION	1
Le Nom	5
L'Article	10
L'Adjectif	12
Le Pronom	22
Le Verbe	23
Le Participe	71
La Préposition	72
L'Adverbe	74
La Conjonction	77
L'Interjection	79
Signes Orthographiques	80
De l'Apostrophe	81
De la Ponctuation	84
SYNTAXE	86
Analyse logique	86
Du Nom	91
De l'Article	102
De l'Adjectif	106
Du Pronom	117
Du Verbe	128
Du Participe	141
De la Préposition	149
De l'Adverbe	152
De la Conjonction	156

FIN DE LA TABLE.

www.ingramcontent.com/pod-product-compliance
Ingram Content Group UK Ltd.
Pitfield, Milton Keynes, MK11 3LW, UK
UKHW020834120726
13693UKWH00002B/650